日　本　国　際　経　済　学　会　編

国際経済　第75巻

環境・資源・災害のリスクと国際経済

日本国際経済学会研究年報

2023

目　次

共通論題

新国富指標，貿易と感染症*

九州大学都市研究センター　吉田　賢一
九州大学都市研究センター　馬奈木俊介**

要旨

国際貿易は国家間の経済的な不均衡を是正した。他方で，貿易の自由化は発展途上国の一部の自然資本を減少させている。また，感染症に関して，パンデミック時には人的資本の保護が経済活動の維持よりも福祉（well-being）を高め，さらに，その伝播の程度にも自然資本が影響する。今後，持続可能な社会とするには包括的な富を考慮した投資が貿易に関連することであっても必要となる。

キーワード：持続可能性，新国富指標，自由貿易，感染症，トレードオフ

はじめに

国際貿易は技術の飛躍的な進展に伴って拡張の一途をたどり，世界レベルでのマクロ経済の発展に大きく寄与してきた。また，国際貿易は企業を多国籍化させ，それらの企業はグローバルサプライチェーンを形成している。貿易の活発化は新興国の中間層の所得を上昇させ，国家間での経済的な不平等

* 本稿は日本国際経済学会第 81 回全国大会共通論題「環境・資源・災害のリスクと国際経済」（2022 年 10 月 1 日，近畿大学）での報告に基づいて作成されている。企画者，座長，討論者の皆様に感謝申し上げる。

** E-mail: managi@doc.kyushu-u.ac.jp

を是正する方向に進めており（Milanovic, 2016,「エレファントカーブ」）[1]，資源を効率的に配分する仕組みを発展させるとともに，経済発展に大きな役割を果たしてきた（Feenstra, 2015）。

このように国際貿易，特に自由貿易は，一般的にはグローバルなレベルでの経済的厚生を高める。ただ一方で，経済以外の資本にも視野を拡大させた場合には，その評価は難しくなる。例えば，先進国から発展途上国へのグローバルサプライチェーンの拡張は新たな人権問題をもたらし，これを是正すべく枠組みが設けられた（いわゆる「ラギーフレームワーク[2]」）。また，越境しての企業活動の自由化は，企業に対し，先進国から相対的に環境規制が緩い発展途上国へと操業の場を移転することを可能とした。このような企業行動は，政策当局が環境規制を強める等した場合にしばしば確認され，規制を回避するとともに，操業に係る環境負荷を発展途上国へと移転する動きとして問題視され，特に固定資産が相対的に少ないフットルース産業において，この問題は顕著に生じている（Ederington et al., 2005）。

経済的価値にプライオリティを置き，GDP（Gross Domestic Product），国民経済計算（SNA: System of National Accounts）の枠組みにだけ依拠して目標の達成が測られていた場合，環境破壊や気候変動，人々の幸福や健康は議論の外に置かれることとなる。この場合，その牽引役である国際貿易も例外ではなく，経済活動を最優先事項として議論が進められてきた。だが，近年，経済第一主義の開発路線は大きな見直しに迫られている。この見直しを迫られた背景には経済活動優先によりもたらされた弊害，気候変動問題，それに起因する地球規模での激甚災害の頻発，経済格差の顕在化，機会の不平等といった諸問題の顕在化がある。

COVID-19に係る諸問題も，この地球規模での災禍の一つと整理可能であ

---

1) これと同時に，Milanovic（2016）のエレファントカーブは先進国の上位層の所得の伸びと下位・中間層の所得の停滞も示しており，新興国への所得移転が先進国内での二極化をもたらしたことも自明としている。

2) https://www.unic.or.jp/texts_audiovisual/resolutions_reports/hr_council/ga_regular_session/3404/

る。COVID-19の大流行は域外の個々人との物理的交流を抑制せざるを得なくし，国際紛争以外でも，その安定的な継続性が脅かされることを人々に認識させた。また，COVID-19のパンデミックは経済・国際貿易と自然資本・人的資本との間での新たなるトレードオフの問題を提起している。

本稿は持続可能性を多様な資本の観点から包括的に考察する新国富指標を軸に，経済・国際貿易の進展と，それに内在する自然資本，人的資本に係る持続可能性の問題，そして，今般のCOVID-19のような感染症によるマクロ・ショックに見られたトレードオフの問題からその考察を深めていく。この考察は国際貿易が持続可能性とどう向き合うべきかの道筋を示すとともに，国際貿易の継続的かつ包括的な「厚生」への貢献のあり方を提示することに役立つ。

1. 新国富指標

国際社会は持続可能性を高めるための解決策を模索しており，2015年9月に国連サミットにて採択された持続可能な開発目標が象徴的であったほか，直近でも，気候変動に関し，2021年10月，11月にかけてイギリス・グラスゴーで開催されたCOP26では，産業革命前の時点を基準とした場合の，全世界の平均気温上昇の程度を1.5度以内とする目標を決定している。また，生物多様性に関しても，2021年10月，COP15を中国・昆明で開催し，生物多様性の損失緩和を目指すことを約束している。

さらに国際社会は持続可能性への懸念の高まりの背景には，人間の経済活動がその原因として考えられるとの見解でおおよそ一致している（例えば，Pörtner et al., 2021）。他方で，持続可能性を追求することが「開発」を停滞化，あるいは，減退させることであってはならない。それはアダム・スミスが言うところの「国富」の減少にほかならないからだ[3]。

---

[3] 環境経済学の文脈では持続可能性と自然資本との関係について，強い持続可能性（strong sustainability）と弱い持続可能性（weak sustainability）と呼ばれる議論が存在する。前者は自然資本の希少性を強調し，経済活動により毀損された場合，自然資本に ↗

ただ，この「国富」は本来，GDPの概念とは等しくはなく，経済的価値だけに留まらない，より包括的な富である（Dasgupta, 2021）。GDPの尺度だけでは持続可能性への課題である環境・生態系の破壊，水質汚染，格差の拡大といった事案を適切に評価することは適わない。GDPは言うなれば経済的価値だけを焦点としたフローの測定に過ぎず，仮に希少で再生に膨大な時間を費やす資源を無計画に搾取し，ストックが減耗したとしても値は増加する[4]。したがって，GDPの尺度だけでは将来世代への展望を描けない[5]。

この問題意識のもと，直近での気候変動，生物多様性に係る目標設定と併走して，国際社会は，持続可能性の程度を可視化させる，新たな価値尺度の開発にも取り組んでいる。開発にはケネス・アロー教授とパーサ・ダスグプタ教授が携わり，その成果は国連持続可能な開発会議（リオ＋20）において新国富指標（IWI: Inclusive Wealth Index）として発表された。このIWIは2014年（UNESCO/UNU-IHDP & UNEP, 2014），2018年（Managi & Kumar, 2018），そして2022年（UNEP, 2022）と報告書としてまとめられており，近年では，その調査対象は160ヶ国以上に及んでいる。新国富指標は，人工資本（produced capital），人的資本（human capital），そして，自然資本（natural capital）から構成され，経済インフラの蓄積状況はもちろんのこと，環境や教育といった「価値」の積み重ねを金銭的価値に換算し，包括的な観点から豊かさを測定する枠組みである（図1参照）。

↗ は回復が難しい特定の機能があることを強調し，この二つの資本の代替困難性を根拠に，自然資本の保全を第一とする（Robinson, 1973）。他方，後者は人工資本，自然資本，人的資本の相互代替性を議論の俎上にし，包括的な価値の維持を重視する（Dasgupta & Heal, 1974; Solow, 1974）。そのため，現実の複雑性を直視しつつ，厚生の最大化を目的とする経済学との融和性が高い。本稿は，後者の弱い持続可能性の文脈に則って議論する。

4) GDPにおいても，資本減耗の考慮化はNDP（Net Domestic Product）を通じて行われているが，ここでの関心は経済的価値に限定され，自然資本や人的資本は対象外である。

5) これらGDPに係る問題点については，ジョセフ・スティグリッツ教授らが取りまとめた「スティグリッツ報告書（Stiglitz et al., 2009）」として広く共有されている。

図1　新国富指標の仕組み

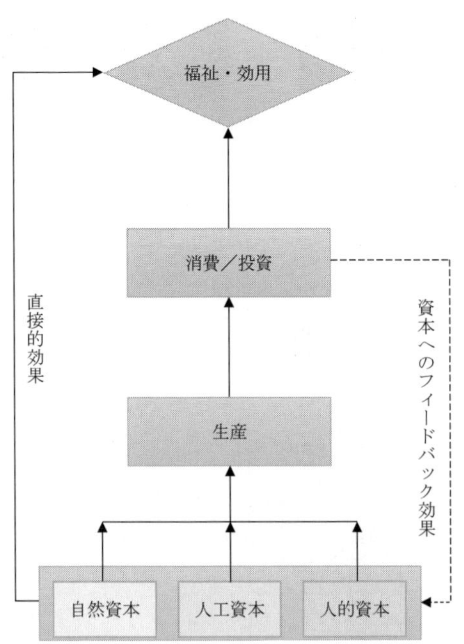

出所：Managi (2018), Figure 1.1, p. 5を参考にして作成。

人工資本は過去からの民間投資額と公共投資額の累積の値である。人的資本は教育資本（教育課程が1年延びると得られることが試算される金銭価値）と，健康を維持し続けることの価値，健康資本から構成される。そして，自然資本は森林資本（市場），森林資本（非市場），鉱物・漁業資源，農地が該当する（図2参照）。なお，それぞれの資本の価値は資本ストック量にシャドウプライス（潜在資本価格）を乗ずることで計算される。

シャドウプライスは人工資本，人的資本，自然資本のそれぞれが限界的な変化が誘起する福祉（well-being）の変化分と定義され，現在から将来までの福祉（社会的福祉）に対する各資本の限界的な寄与度を示す（Arrow et al., 2012, p. 323）。人的資本や自然資本の多くは市場で取引がされておらず，故

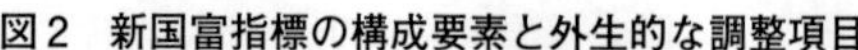

図2　新国富指標の構成要素と外生的な調整項目

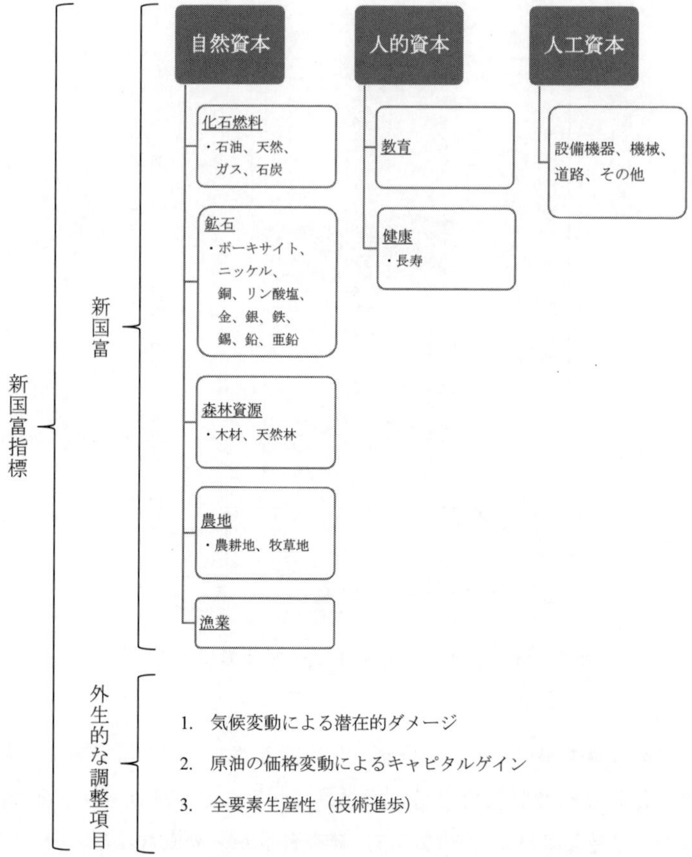

- 新国富指標
  - 新国富
    - 自然資本
      - 化石燃料
        - ・石油、天然、ガス、石炭
      - 鉱石
        - ・ボーキサイト、ニッケル、銅、リン酸塩、金、銀、鉄、錫、鉛、亜鉛
      - 森林資源
        - ・木材、天然林
      - 農地
        - ・農耕地、牧草地
      - 漁業
    - 人的資本
      - 教育
      - 健康
        - ・長寿
    - 人工資本
      - 設備機器、機械、道路、その他
  - 外生的な調整項目
    1. 気候変動による潜在的ダメージ
    2. 原油の価格変動によるキャピタルゲイン
    3. 全要素生産性（技術進歩）

出所：Managi (2018), Figure 1.2, p. 9を参考にして作成。

に市場価格を持たない資本が多い。そのためこれらの資本の算出には非市場評価法が用いられており，単位当たりのシャドウプライスが計算されている。また，シャドウプライスは，各資本が将来にもたらす便益の割引現在価値とも解釈可能で，その分母にあたる割引率（discount rate）は，例えば，自然資本の場合，相対的な成長率も考慮する（Fenichel & Abbott, 2014）等，

図3　新国富と，現在・将来の福祉の等価性

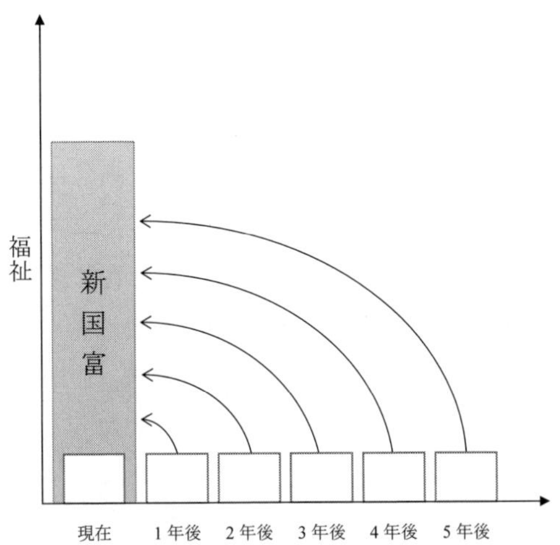

出所：馬奈木他（2016），13頁を参考にして作成。

社会経済からのフィードバックを加味している。なお，便益により算出した前向き（forward-looking）シャドープライスは過去時点の投資と資本の減価償却により算出される後向き（backward-looking）シャドープライスと理論上は等価となる（Yamaguchi & Managi, 2019）。

図3は新国富と現在・将来の福祉の等価性を示している。図3に示すように，新国富は現在の福祉を内包しており，この福祉は現在の消費（図1参照）からもたらされる。また，1年後以降の，将来の福祉は投資（図1参照）からもたらされており，この投資は現在においてなされたものである。そして，現在の消費から得た現在の福祉と，現在の投資から得られる将来（1年後以降）の福祉を合算したのが包括的な富のストック指標である新国富となる。新国富指標は，現在・将来世代が享受する・しうる福祉をもたらす，社会が有する「富」を金銭価値化する試みであり，持続可能性に係る時点間での相対評価を可能とするため，国・地域における現状での持続可能性の状態，立ち位置を明確化することに有用であり，また，国・自治体が定めた目標に向

けた諸政策の効果の測定，進捗状況の確認に判断材料を提供する。

英国では，財務省が2021年に取りまとめたThe Economics of Biodiversity: The Dasgupta Reviewにおいて，新国富指標をベンチマーク指標とすることが提案されるとともに，人工資本と人的資本の増加（2倍と13%の増加）に比べて自然資本は40%も減少している事実が示されている[6)]。これを受けて同国では，金融と教育制度において「自然」をキーワードに組み込んでいくことで，その対策とすることを報告している。また，米国では，2022年4月に発表された商務省の部局行政命令のなかで，自然資本を測定する試みを立ち上げ，自然資本会計と標準化された環境経済統計の国家システムを開始することを明らかにしている[7)]ほか，中国でも，2022年6月に中国発展国際学術年会にて同国が掲げる「双碳目標[8)]」の達成にはグリーン発展（绿色发展）が重要で，国民経済計算に「生態資本」を導入すべきとの主張がなされ，自然や生態系サービスを金銭価値化して，「生態資本」を資産に，炭素排出を負債に，国，地域，企業，個人レベルの資産負債表を作ることが提唱される等，新国富指標への関心が高まっている。

とりわけ実践的な新国富指標の活用事例がパキスタンでは行われている。まず同国はInclusive Wealth of Pakistan: The Case for Investing in Natural Capital and Restorationと題する報告書を発表し，自国の持続可能性に係る包括的な価値を評価し，その上で，この報告書においてパキスタン国内の自然資本の減少が明らかとなり，同国政府は，このホットスポットに対処すべく，The Ten Billion Tree Tsunami Program（TBTT）と題する大規模な植林事業に着手

---

6) https://www.gov.uk/government/publications/final-report-the-economics-of-biodiversity-the-dasgupta-review, accessed on March 31, 2022

7) Secretary Raimondo Establishes Commerce Climate Council, Directs Department to Integrate Climate Considerations into Policies, Strategic Planning, and Programs, 2022. https://www.commerce.gov/news/press-releases/2022/04/secretary-raimondo-establishes-commerce-climate-council-directs

8) 中国中央政府はCO_2排出量を2030年までにピークアウトさせ，2060年までに実質ゼロとする脱炭素に係る二つの目標を掲げている。

している。

このように実際に，国際社会や国レベルで新国富指標は政策目標として導入され，持続可能性への実践的なアプローチの一つとして位置づけられてきている。国連事務総長のアントニオ・グテーレス氏は，『私たちの共通の課題（Our Common Agenda）』において，GDPの問題点を共有し，新たな価値尺度として新国富指標に注目を示している。また，日本でも2022年8月にグリーンGDPの試算を初公表する等，自然資本への関心が高まっている。

では，自然資本，人工資本，人的資本は相互に独立だろうか，それとも，相互に関係しあうのだろうか。近年，後者を支持する報告が相次いでいる。世界経済フォーラムは世界のGDPの50%以上にあたる44兆ドルが自然資本に依存していることを指摘し，現状の自然資本の減少が将来的な人工資本，人的資本へも影響を及ぼすことを懸念している[9)]。さらにPandey et al.（2021）はインドにおける大気汚染に起因する死亡者数を分析し，2019年には167万人に及び，同国の総死者数のうち，17.8%を占めることを明らかにしている。同研究は自然資本の減耗が人的資本を棄損させうることを示唆している。

2. 貿易

前節では持続可能性への懸念に対処するには何らかの価値尺度が必要であるが，それにはGDPでは不十分で，より包括的な富を価値評価する新国富指標が有用であることを述べた。ここで肝要なのは，新国富指標は包括的な富のストックを高めていくことが現在・将来世代が享受する・しうる福祉を高めるのであって，経済成長を犠牲にする形での自然資本，人的資本の価値向上を目指すことを意図しない点であろう。真に持続可能性の高い社会は，人工資本，自然資本，人的資本が減耗せず，長期継続的な成長が見込める社会である。このビックピクチャーから逆算した場合，貿易に焦点を絞り，考

9) https://www.weforum.org/agenda/2021/08/natural-capital-key-future-investment/

察を行っていくことは，重要な含意をもたらす。

特に，国際貿易・自由貿易，経済成長，そして，環境との関係は，Grossman & Krueger（1991, 1995）を嚆矢に，以降，理論，実証の両面で研究が進められている。Grossman & Krueger（1991）は，GEMS（the Global Environmental Monitoring System）が観測する国家横断的な二酸化硫黄（SO_2）と国民所得の数値データの間には逆U字型の関係があり，一人当たりの所得が4,000ドルから5,000ドルの範囲である場合にSO_2の排出はピークに達することを指摘し，「環境クズネッツ曲線（EKC：Environmental Kuznets Curve）仮説」を早期に実証している[10)]。また，同研究は，北米自由貿易協定（NAFTA: North American Free Trade Agreement）の発足がメキシコの経済と環境にもたらす影響を，1）規模効果（scale effects），2）技術効果（technique effects），3）構造効果（composition effects）の筋道に分けて想定・分析している。

1）規模効果とは，貿易の自由化により経済成長・生産量の増大が見込める一方で，環境側面においては生産性の増加に伴って汚染物質の増加を想定するシナリオである。2）技術効果は，貿易の自由化が経済発展をもたらし，それが国民所得向上による当該国の個々人の環境意識の高揚へと繋がり，その向上した意識が生産に係る汚染物質の減少を可能とする技術革新へと結びつくとの想定である。そして，3）構造効果は，自由貿易の進展により貿易相手国と自国との間で産業の移転が活発化し，当該国内での産業構造が変化することで環境負荷の状況が変化するとのシナリオである。この構造効果は，環境負荷が相対的に大きい産業への移行のケースと，その逆が想定され，その移行の決定要因には貿易国間での経済格差や法制度の基準が影響することが想定される。

これらの自由貿易化と，環境負荷への影響，そして，自由貿易の関係にあ

---

10) ただし，「環境クズネッツ曲線」は，Panayotou（1993）によって初めて呼称されたものであり，Grossman & Krueger（1991）時点において，このような仮説の名称は存在していない。

る国家間での経済等の状況の違いに注目した研究は近年に至るまで，多くの研究者の関心を集め，実証を通じて知見が積み重ねられてきている。

自由貿易化が環境負荷に対し与える影響は国家間で一様だろうか。それとも国家の経済発展の度合いにより異なる影響をもたらすのだろうか。OECD 諸国と非 OECD 諸国を網羅する広範な年次データを用いて，温室効果ガスの増減を規定する要素として貿易開放度が作用しているか分析を行ったところ，SO_2，CO_2 は，非 OECD 諸国において貿易開放度が 1% 上昇すると，それぞれ 0.920%，0.883% の増加を示す一方で，OECD 諸国では貿易開放度が 1% 上昇すると，それぞれ –2.228%，–0186% と減少することが明らかとなり，自由貿易が温室効果ガスの増減に与える効果は一様ではなく，国の経済発展状況により激しくコントラストが存在することが示されている（Managi et al., 2009）。

関税は貿易自由度を規定する。このため細分化された関税データと 1990 年～2013 年の CO_2 排出データを用いて分析を行い，G20 諸国が関税障壁を撤廃するか否かで，輸入品に含まれる CO_2 排出量は 3.5～232.2% 増加する可能性があり，より具体的には，G20 諸国がガス鉱業，製造機械，金属，その他の鉱業の輸入に対して 1% の関税を引き下げた場合，それぞれ，2779，1747，1453，1018 トンの CO_2 排出が発生することが指摘されている（Islam et al., 2019）。また，同論文は関税障壁の低減は，環境規制の緩やかな国への工場移転を促進するメカニズムを持つが，現実には，ほとんどの国が関税障壁を維持しているため，CO_2 排出量の移転の可能性が制限されていることも示唆している。

では，環境資源に対し，自由貿易はどのような影響を与えるだろうか。森林は重要な自然資本であるとともに，炭素吸収源であるため持続可能性を高めていくためには決して毀損させてはいけない資本の一つである。1990 年から 2003 年までを期間として，142 ヶ国の年間森林減少量をデータとして用い，貿易開放度が森林減少に与える影響を分析したところ，OECD 諸国での貿易開放度の上昇は森林減少を減速させる一方で，非 OECD 諸国では貿易開放度の上昇は森林減少を加速させる傾向があることが報告され，今後，発展途上国での貿易開放度が高まっていくなかで，将来の森林破壊を防ぐためには追加的な政策，インセンティブ設計が必要であると指摘されている（Tsurumi & Managi, 2014）。

水資源も，また，持続可能性には必須となる資本であり，特に，人間の生存と福祉に欠かすことのできない希少資源である。79ヶ国の1960年，1970年，1980年，1990年，1995年，2000年時点の取水量と消費量のデータを用い，水利用の決定要因を規模効果，技術効果，構造効果に分け，そのそれぞれにおいて貿易開放度が与える影響を分析したところ，貿易開放度が1%上昇すると，水の取水・消費量が1.0〜1.5%程度の減少をもたらし，国際貿易の進展が水の効率的な利用を促進することが明らかとなっている（Kagohashi et al., 2015）。

また，貿易の自由化が当該国の漁業に与える影響について分析する研究も存在する（Abe et al., 2017）。同研究は，基本的な経済理論において漁業の収益性が低下すると，その労働や資本が他の部門に再配分され，漁獲量が減少するとともに，これを契機として漁業資源の再生化が見込まれるメカニズム（Sumaila et al., 2007）が指摘されていることを紹介するとともに，これを援用して，漁業輸入国の貿易集約度の高まりは，水産物の価格低下をもたらすので，その結果として輸入国の漁業資源が回復するとの仮説を提示している。この仮説を検証するため同研究ではthe SEA AROUND USプロジェクトの漁獲データを利用し，分析を行い，貿易開放度の上昇は国レベルの漁獲量を平均的に減少させることを明らかにしている。

彼らが実証分析の結果を概観して指摘しているのは，汚染逃避地仮説（pollution haven hypothesis）と類似の減少が貿易自由化の進展により漁業資源の面でも生じているのではないかとの懸念である。これは貿易自由化によって先進国と発展途上国の環境資源の面での偏在が生じてしまう懸念であり，より具体的には，漁業輸出国の資源量が減少し，当該国は漁業資源の乱獲により，長期的な漁業資源の枯渇，社会厚生が低下するのではないかとの懸念である。

このように様々な環境資源を対象に自由貿易化が与える影響の考察が続けられてきているが，残された課題も存在する。Cherniwchan & Taylor（2022）は，Grossman & Krueger（1991, 1995）以降の実証，理論研究を俯瞰し，それらの研究において，1）貿易の長期的な影響，2）汚染逃避地効果（pollution haven effect）の程度，3）貿易により誘発される技術効果，の推定に分析上の課題があり，自由貿易と経済発展，そして，環境といった複雑な交絡を紐解いていく上で，それらの課題と向き合うことが重要であることを指摘している。

3. 感染症

新型コロナウイルスの感染拡大に係る，規制によって人的資本の減耗を防ぐか，人的資本を犠牲にして経済活動の停滞を防ぐかのトレードオフの問題も，これまでの貿易自由化と自然資本の間での議論と同様に複雑な交絡が想定される。しかしながら，このトレードオフの問題から目を背けるべきではなく，この難題を解題していく過程をむしろ実験的観察の場として歓迎し，経済厚生と個々人のインセンティブ・メカニズムの解明を通じて，真に持続可能な社会システムを構想する一助としていく姿勢が求められる。

既存の研究と，グローバルな空間・地図情報をもとに，世界各地に所在する空港ごとに，COVID-19を流入・流出する，総合的なリスクの算出を行った研究では，状況が流動的なパンデミックの災禍の中において採取したデータに基づく点に留意が必要であることを強調しつつ，3つのシナリオを想定してのシミュレーションを行い，最も厳格な対策を講じたとしても，特定地域におけるCOVID-19の流入・流出リスクは依然として存在し，感染因子の高い地域では，航空便の90%以上の削減が必要であることを指摘している（Nakamura & Managi, 2020）。

また，既存の公衆衛生のパラメータを使ってソーシャルディスタンス，自宅隔離，学校閉鎖，症例者の隔離等の措置によって改善される効果を便益の値の算出によって評価する研究も報告されている（Yoo & Managi, 2020）。同研究の分析からは，4つのアクションを全て実施したとすると，一定のベネフィットが計測され，そのうちの過半数の効果をソーシャルディスタンスが担うことを明らかにしている。

このソーシャルディスタンスの実施によるベネフィットはどう評価できるだろうか。世界（35ヶ国，56セクター）の供給主導型の産業連関表を用いての，危機後4ヵ月間を対象とする推計では，COVID-19危機によるサプライチェーンの寸断（供給制約）の被害は，年間GDPに対して1.248%（うち，鉱工業部門では4.443%）の経済的ダメージがあったことが報告されている（Yagi & Managi, 2021）。これを単純に，人的資本への棄損回避の金額と照らし合わせることは拙速ではあるが，経済的な損失に比して，ソーシャルディスタンスによる人的資本優先の規制政策が圧倒的な便益を生み出したことは明らかであろう。

では，個々人はなぜ，行動制限という規制政策に従ったのだろうか。日本での緊急事態宣言下，日本国民には「不要不急の外出・移動の自粛」が求められたが，その要請には法的な拘束力を持った合意は形成されておらず，個々人がこれに従うインセンティブ構造は行動経済学的に興味がある。Katafuchi et al.（2021），Kurita & Managi（2022）では理論モデルを構築して，この解題を行っている。彼らの研究では，非常事態宣言下では，外出は，感染リスクを高めるとともに，外出のスティグマ（stigma）から生じる心理的コストが伴うために，人々は外出を控えた，との仮説を提示し，Katafuchi et al.（2021）において，地域別モビリティデータと緊急事態宣言データを用いて，これを検証し，理論的な分析と整合的な実証結果を確認している。

感染症の流行，特に，パンデミックは人的資本を棄損させる災禍である。近年の研究で，自然資本とも密接な大気汚染や気候変動が，パンデミック自体やその被害の程度に影響を与えうることが明らかになってきている。

6つの大気汚染物質・指標と，都市レベルのCOVID-19の症例致死率（CFR: the Case Fatality Rate）との関係を国際横断的に分析したところ，NO_2，SO_2，

O_3，$PM_{2.5}$（μg/m^3），PM10（μg/m^3），AQI（Air Quality Index）スコアといった変数が1単位増加すると，COVID-19のCFRに対し，それぞれ，1.450%，1.005%，0.992%，0.860%，0.568%，0.776%，増加させる関係があることが明らかになっている（Li & Managi, 2022a）。また，アフリカにおいて深刻な影響を与えている病原菌，マラリア（malaria）に注目し，共通社会経済経路（SSP: Shared Socioeconomic Pathways）に基づき予想される5つのフェーズの地球温暖化シナリオごとで，将来期間において予想されるマラリア感染者数をシミュレーションし，2021年から2040年において，SSPがSSP1-2.6（持続可能）からSSP2-4.5（中道）へと変更された場合，2020年に世界保健機関（WHO: World Health Organization）がマラリア感染症の罹患者として発表する，2億4,100万人の2.699%増となる患者数が見込まれることも報告されている（Li & Managi, 2022b）。

これらの研究は，感染症というケースを通じて自然資本が人的資本に与える影響を示すとともに，真に持続可能な社会システムを見据えて，それに寄与する包括的な富のそれぞれに対し，不断の注視が必要であることを警鐘し，ある時点における特定の資本でのわずかなバランスの崩れが，（近い，あるいは，遠い）将来時点での大きな歪みとなって，問題化する可能性を示している。

おわりに

本稿では，新国富指標，つまりは，人工資本，人的資本，自然資本を基軸として，自由貿易，感染症を考察対象とした場合の，各資本のトレードオフの問題を，近年の先行研究による実証的事実の紹介を通じて考察してきた。

近年，自然資本の棄損を原因とする種々の不具合が顕在化し，その責任を人間による経済活動に求め，それを是正する動きが急進化している。しかしながら，真に持続可能な社会の実現には，ナイーブな議論だけでは建設性に乏しく，中長期的な継続性をもたらさない。福祉の最大化をもって持続可能な社会であるとするならば，その尺度となる基準化が必須であり，国際社会は新国富指標への注目を高めている。

貿易の活発化は，国家間での経済的な不平等を是正させ（Milanovic, 2016），資源の効率的な配分を実現させるとともに，経済発展に大きな役割を果たしてきたが（Feenstra, 2015），新国富指標を糸口に国際貿易を考察すると，新たな一面が確認できる。貿易の自由化は，交易国の産業構造の転換を通じて，発展途上国に影響を与え，一部の自然資本に関しては減少させることが報告されている。

また，感染症に関して，パンデミック時には，人流の抑制による人的資本の保護が，経済活動の制限による損失よりも，相対的な福祉の向上に寄与すること，そして，感染症の伝播の程度に自然資本が影響することが報告されている。真に持続可能な社会とするには，包括的な富へのバランスを持った目配りが必須であり，このような未曾有の事態に直面し，判断の軸が不確かな際には，種々の資本への影響を鑑み，政策が経済価値を伴って各資本にどのように影響を与えるかを判断材料として政策を決めていく姿勢が求められる。

参考文献

Abe, K., Ishimura, G., Tsurumi, T., Managi, S., & Sumaila, U.R. (2017), Does trade openness reduce a domestic fisheries catch? *Fisheries Science*, 83(6), 897–906. https://doi.org/10.1007/s12562-017-1130-0

Arrow, K.J., Dasgupta, P., Goulder, L.H., Mumford, K.J., & Oleson, K. (2012), Sustainability and the measurement of wealth. *Environment and Development Economics*, 17(3), 317–353. https://doi.org/10.1017/S1355770X12000137

Cherniwchan, J.M., & Taylor, M.S. (2022), International trade and the environment: three remaining empirical challenges, NBER Working Paper Series, w30020.

Dasgupta, P. (2021), *The economics of biodiversity: the Dasgupta review*, Feb 2021, available online (https://www.gov.uk/government/publications/final-report-the-economics-of-biodiversity-the-dasgupta-review, accessed on March 31, 2022).

Dasgupta, P., & Heal, G. (1974), The optimal depletion of exhaustible resources. *Review of Economic Studies*, Symposium, 3–28. https://doi.org/10.2307/2296369

Ederington, J., Levinson, A., & Minier, J. (2005), Footloose and pollution-free. *Review of Economics and Statistics*, 87(1), 92–99. https://doi.org/10.1162/0034653053327658

Feenstra, R.C. (2015), *Advanced international trade: theory and evidence*. Princeton University

Press.

Fenichel, E.P., & Abbott, J.K. (2014), Natural capital: from metaphor to measurement. *Journal of the Association of Environmental and Resource Economists*, 1(1/2), 1–27. https://doi.org/10.1086/676034

Grossman, G., & Krueger, A.B. (1991), Environmental impacts of a North American free trade agreement. Working Paper No. 3914, National Bureau of Economic Research.

Grossman, G.M., & Krueger, A.B. (1995), Economic growth and the environment. *The Quarterly Journal of Economics*, 110(2), 353–377.

Islam, M., Kanemoto, K., & Managi, S. (2019), Growth potential for CO_2 emissions transfer by tariff reduction. *Environmental Research Letters*, 14(2), 024011. https://doi.org/10.1088/1748-9326/aaf688

Kagohashi, K., Tsurumi, T., Managi, S., & Scalas, E. (2015), The effects of international trade on water use. *PLoS ONE*, 10(7), 1–16. https://doi.org/10.1371/journal.pone.0132133

Katafuchi, Y., Kurita, K., & Managi, S. (2021), COVID-19 with stigma: theory and evidence from mobility data. *Economics of Disasters and Climate Change*, 5(1), 71–95. https://doi.org/10.1007/s41885-020-00077-w

Kurita, K., & Managi, S. (2022), COVID-19 and stigma: evolution of self-restraint behavior. *Dynamic Games and Applications*, 12(1), 168–182. https://doi.org/10.1007/s13235-022-00426-2

Li, C., & Managi, S. (2022a), Impacts of air pollution on COVID-19 case fatality rate: a global analysis. *Environmental Science and Pollution Research*, 27496–27509. https://doi.org/10.1007/s11356-021-18442-x

Li, C., & Managi, S. (2022b), Global malaria infection risk from climate change. *Environmental Research*, 214(P3), 114028. https://doi.org/10.1016/j.envres.2022.114028

Managi, S. (2018), Accounting for the inclusive wealth of nations: Key findings of the IWR 2018. In *Inclusive Wealth Report 2018* (pp. 3–52). Routledge.

Managi, S., & Kumar, P. (2018), *Inclusive Wealth Report 2018: measuring progress toward sustainability*, Routledge, New York, USA.

Managi, S., Hibiki, A., & Tsurumi, T. (2009), Does trade openness improve environmental quality? *Journal of Environmental Economics and Management*, 58(3), 346–363. https://doi.org/10.1016/j.jeem.2009.04.008

Milanovic, B. (2016), *Global inequality: a new approach for the age of globalization*, Harvard University Press.

Nakamura, H., & Managi, S. (2020), Airport risk of importation and exportation of the COVID-19 pandemic. *Transport policy*, 96, 40–47. https://doi.org/10.1016/j.tranpol.2020.06.018

Panayotou, T. (1993), Empirical tests and policy analysis of environmental degradation at different stages of economic development. Working Paper WP238, Technology and Employment Programme, ILO, Geneva.

Pandey, A., Brauer, M., Cropper, M.L., Balakrishnan, K., Mathur, P., Dey, S., Turkgulu, B., Kumar,

G.A., Khare, M., Beig, G., et al. (2021), Health and economic impact of air pollution in the states of India: the Global Burden of Disease Study 2019. *The Lancet Planetary Health*, 5(1), e25–e38. https://doi.org/10.1016/S2542-5196(20)30298-9

Pörtner, H.O., Scholes, R.J., Agard, J., Archer, E., Arneth, A., Bai, X., Barnes, D., Burrows, M., Chan, L., Cheung, W.L., Diamond, S., Donatti, C., Duarte, C., Eisenhauer, N., Foden, W., Gasalla, M.A., Handa, C., Hickler, T., Hoegh-Guldberg, O., Ichii, K., Jacob, U., Insarov, G., Kiessling, W., Leadley, P., Leemans, R., Levin, L., Lim, M., Maharaj, S., Managi, S., ... & Ngo, H.T. (2021), *IPBES-IPCC co-sponsored workshop report on biodiversity and climate change*. IPBES and IPCC, 10. https://doi.org/10.5281/zenodo.4782538

Robinson, W.C. (1973), *The limits to growth: a report for the Club of Rome's Project on the predicament of mankind*: *by Donella H. Meadows and Others*. New York: Universe Books.

Solow, R.M. (1974), Intergenerational equity and exhaustible resources. *Review of Economic Studies*, Symposium, 29–45. https://doi.org/10.2307/2296370

Stiglitz, J.E., Sen, A., & Fitoussi, J.P. (2009), *Report by the commission on the measurement of economic performance and social progress*, available online (http://www.stiglitz-sen-fitoussi.fr/en/index.htm, accessed on May 27, 2022).

Sumaila, U.R., Khan, A., Watson, R., Munro, G., Zeller, D., Baron, N., & Pauly, D. (2007), The world trade organization and global fisheries sustainability. *Fisheries Research*, 88(1–3), 1–4. https://doi.org/10.1016/j.fishres.2007.08.017

Tsurumi, T., & Managi, S. (2014), The effect of trade openness on deforestation: empirical analysis for 142 countries. *Environmental Economics and Policy Studies*, 16(4), 305–324. https://doi.org/10.1007/s10018-012-0051-5

UNEP (2022), *Inclusive Wealth Report 2022: measuring progress toward sustainability*, United Nations Environment Programme, Washington D.C., USA.

UNESCO/UNU-IHDP, & UNEP (2014), *Inclusive Wealth Report 2014: measuring progress toward sustainability*, Cambridge: Cambridge University Press.

Yagi, M., & Managi, S. (2021), Global supply constraints from the 2008 and COVID-19 crises. *Economic Analysis and Policy*, 69, 514–528. https://doi.org/10.1016/j.eap.2021.01.008

Yamaguchi, R., & Managi, S. (2019), Backward- and forward-looking shadow prices in inclusive wealth accounting: an example of renewable energy capital. *Ecological Economics*, 156, 337–349. https://doi.org/10.1016/j.ecolecon.2018.09.020

Yoo, S., & Managi, S. (2020), Global mortality benefits of COVID-19 action. *Technological Forecasting and Social Change*, 160 (July). https://doi.org/10.1016/j.techfore.2020.120231

馬奈木俊介・池田真也・中村寛樹著（2016），『新国富論：新たな経済指標で地域再生』東京：岩波書店.

Summary

Inclusive Wealth, Trade, and COVID-19

Kenichi Yoshida and Shunsuke Managi (Kyushu University)

International trade contributes to balancing the economic disparities among nations, while trade liberalization has also caused adverse effects in emerging countries by diminishing natural capital. Regarding infectious diseases, human capital protection measures improve human well-being beyond sustaining economic activities during the COVID-19 pandemic. Furthermore, natural capital plays a vital role in influencing the degree of virus transmission. Future international trade requires investments considering inclusive wealth to achieve a sustainable society.

◇コメント◇

神戸大学大学院経済学研究科　中西　訓嗣

GDPとその成長の増進を主たる指標とする人間の経済活動が環境破壊や気候変動の原因となり社会の持続可能性に関する懸念を生じさせてきたことは否めない。しかし，持続可能な社会の実現という謳い文句の下で禁欲に励んで経済活動を抑制し，ひたすら情緒的に自然保護・環境保全に取り組むというのも不健全な態度というべきであろう。では，どのような観点に立って社会の持続可能性について考察すればよいのであろうか。吉田・馬奈木論文は，ケネス・アロー教授らによる新国富指標（Inclusive Wealth Index）に着目する。著者らは図1のような概念図とともに『新国富指標は，人工資本（produced capital），人的資本（human capital），そして，自然資本（natural capital）から構成され，経済インフラの蓄積状況はもちろんのこと，環境や教育といった「価値」の積み重ねを金銭的価値に換算し，包括的な観点から豊かさを測定する枠組みである』（吉田・馬奈木 p. 4）と規定している。

ここでArrow et al.（2012）に即して新国富指標の形式的側面について簡単に振り返っておこう。$C(s)$を第s世代の消費ベクトル，$K(s) \equiv (K_P(s), K_H(s), K_N(s))$を$s$時点における人工・人的・自然の各資本からなる資本ストックベクトル，$A(s)$をs時点における外生的な環境・制度要因とする。第s世代の効用は$U(C(s))$で表され，あるt時点から見た世代間福祉v_tはt以後の世代の効用の割り引き和によって表される。

$$v_t \equiv \int_t^{+\infty} \left[U(C(s)) e^{-\delta(s-t)} \right] \mathrm{d}s, \quad \delta > 0. \tag{1}$$

資本ストックは次の動学方程式にしたがう。

$$\frac{\mathrm{d}K(s)}{\mathrm{d}s} = f(K(s), C(s), A(s)) . \tag{2}$$

将来の消費と環境・制度要因に関するt時点における予測の列$\{C(s), A(s)\}_{s \geq t}$が与えられると，$t$時点における$K(t)$を初期値とする（2）式にしたがって資本ストックが変動する。したがってt時点から見た世代間福祉v_tを$K(t)$の関数として$v_t = V(K(t), t)$のように表すことができる。Vを価値関数と呼ぶことにするが，見かけの類似にもかかわらず，このVがダイナミック・プログラミングにおける最適価値関数とは異なるものであることには注意が必要である—ある意味で，この事実が新国富指標の実践的意義を高めているといえるのである。

価値関数Vから資本ストックのシャドウプライス$p_i(t) \equiv \partial V(K(t), t)/\partial K_i(t)$, $i = P, H, N$および時間の価値として表される他の環境・制度要因の変化にかかるシャドウプライス$r(t) \equiv \partial V(K(t), t)/\partial t$が求められる。$t$時点における新国富指標$W(t)$とは，シャドウプライスで評価した$t$時点における各種資本ストックと時間の価値の合計に他ならない。

$$W(t) \equiv r(t)t + \sum_{i=P,H,N} p_i(t)K_i(t). \tag{3}$$

この定義より，新国富指標の変化$\varDelta W(t)$と世代間福祉の変化$\varDelta v_t$の同値性が導かれる。また，人工資本・人的資本・自然資本がシャドウプライスを介して相互に代替可能なものとして取り扱われていることも分かる。

さて，上のように定義された新国富指標の観点から，吉田・馬奈木論文は，国際貿易と特に自然資本（大気汚染，温室効果ガス，森林資源，水資源，漁業資源）に関連するいくつかの研究を取り上げて検討した上で，慎重なワーディングを用いながらも次のように結論づけている—すなわち『貿易の自由化は，交易国の産業構造の転換を通じて，発展途上国に影響を与え，一部の自然資本に関しては減少させることが報告されている。《中略》真に持続可能な社会とするには，包括的な富へのバランスを持った目配りが必須であり，このような未曾有の事態に直面し，判断の軸が不確かな際には，種々の資本への影響を鑑み，政策が経済価値を伴って各資本にどのように影響を与えるかを判断材料として政策を決めていく姿勢が求められる』（吉田・馬奈木 p. 16）というものである。こうした指摘は，貿易自由化からの利益を考える上で極めて重大な含意を持つ。持続可能な社会の実現と国際貿易による効率的資源配分の達成を両立させながら，世代間福祉を改善させるための道標として新国富指標の有用性は明白であり，今後，益々重要性を高めてくるものと思われる。理論的な観点からは，従来の静態的経済厚生と効率性改善に基づく貿易利益命題を超えた「新国富指標に基づく貿易利益命題」の確立が求められるであろう。吉田・馬奈木論文による指摘（より広くは，馬奈木教授を中心とした諸研究と社会実装の試み）を国際貿易体制のあり方に対して新たな方向性を示唆するものとして真摯に受けとめたい。

最後に，新国富指標に基づくアプローチに関して残されていると思われるの三つの論点を指摘して本コメントを閉じることにしよう。

(a) まず定義から明らかなように新国富指標に実質を与えているのは各資本ストックの「シャドウプライス」であり，実践に当たってはその計測・推定の正確さが担保されていなければならない。しかし，著者らも『人的資本や自然資本の多くは市場で取引がされておらず，故に市場価格を持たない資本が多い。そのためこれらの資本の算出には非市場評価法が用いられており，単位当たりのシャドウプライスが計算されている』（吉田・馬奈木 p. 5–6）と述べているように，シャドウプライスの正確な計測・推定には困難が伴う。自然資本の棄損に関する過大評価や隠された便益に対する過小評価を排除して指標の信頼性を確保することは，新国富指標アプローチを普及させるための最初の課題であろう。

(b) 新国富指標は，現在・将来世代が享受しうる福祉をもたらすような「富」を金銭価値化したものであり，現時点において将来世代の福祉を明示的に考慮している点を一つの大きな特徴としている。新国富指標に基づく社会の持続可能性の観点から，世代間のインターアクションをどのように捉えることができるのであろうか。より端的には，現役世代（＝新国富指標の定義における t 世代）は引き続く後の世代（$= s > t$ の s 世代）に対して一体何

図１　新国富指標の仕組み（吉田・馬奈木，図１より）

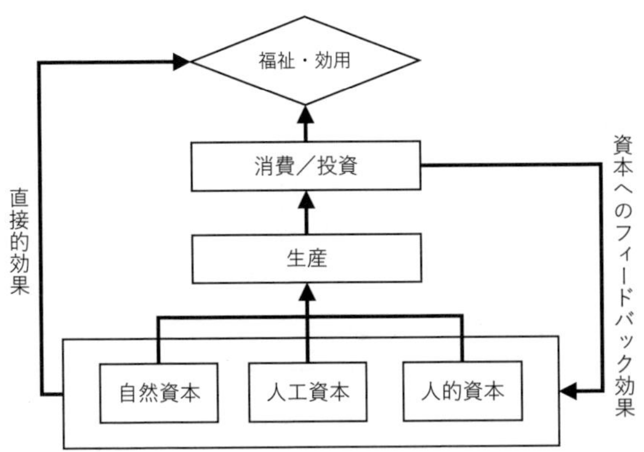

ができるのであろうか。資本ストックの動学方程式（2）から，現役世代の行動変容や現時点での制度改革によって $C(t)$ や $A(t)$ を変化させて，将来の資本ストックに限界的な影響を及ぼせることは分かる。しかし，これは t 時点において成立している予測の列 $\{C(s), A(s)\}_{s \geq t}$ のごく一部に過ぎない。もし t 世代が t 時点における事柄にしか影響を及ぼせないのだとすると，新国富指標アプローチの有用性はいくらか減殺されてしまう。前世代から後世代に対する教育を通じた人々の意識改革や世代間の継承によって t 世代が後の s 世代（$s > t$）に影響を及ぼし，$C(s)$ や $A(s)$ を変化させるようなチャネルを想定できるのであろうか。この点において，人的資本の増進が大きな役割を担っているものと思われる。次に示す（c）の論点とも関連しているが，新国富指標アプローチにおける人的資本の役割や位置づけは，他の資本とは大きく異なっているといえるであろう。

（c）著者らによる概念規定では，人工資本・人的資本・自然資本が並列的に取り扱われている。定義上，各資本ストックの金銭価値化という意味において，それぞれがシャドウプライスを介して同等であるというのは計測・計量の問題としては理解できる。しかし，政策実践の場においては「人的資本＞自然資本＞人工資本」のような重要度の序列が想定されている，あるいは

図2　新国富：評者なりの理解（中西訓嗣作成）

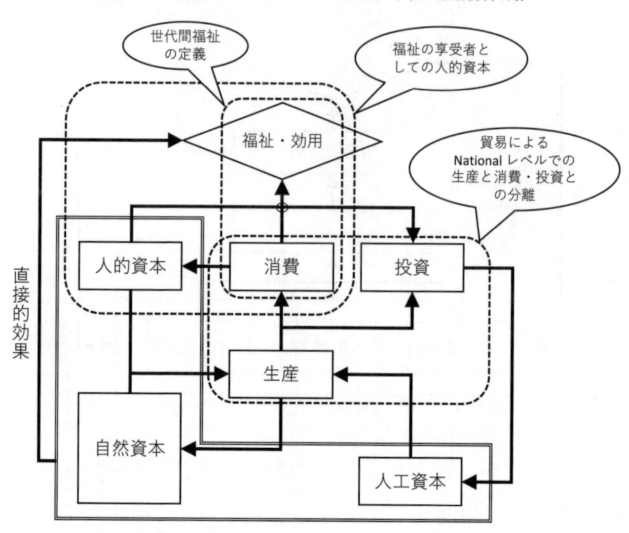

想定されるべきではないだろうか（実際，そのような記述が論文中にも見受けられる）。これに関連して評者は，筆者らの図1に代わって図2のような概念図を想定した。ここでは，新国富指標を根源的に支える基盤として自然資本を位置づけて大きく描き，それを補助するものとして人工資本を“横”に置き，さらに人的資本を福祉そのものを享受する主体として自然資本・人工資本の“上”に置いている。構造的な重要性は自然資本にあるが，福祉評価としては人的資本を優先するという見方である。こうした人的資本重視の概念規定を提示することによって，新国富指標の一般の人々への訴求力を高めることが期待できよう。

参考文献

Arrow, K.J., Dasgupta, P., Goulder, L.H., Mumford, K.J., and Oleson, K. 2012. Sustainability and the measurement of wealth. *Environment and Development Economics* 17: 317–353. DOI: 10.1017/S1355770X12000137

共通論題

国境炭素調整措置

——制度の概観と理論による分析*

上智大学経済学部　**蓬田　守弘****

要旨

本稿では，国境炭素調整措置（Border Carbon Adjustments: BCAs）の導入背景や制度について概観し，国際貿易理論の分析枠組みを用いて国境炭素調整措置の効果を分析する。欧州連合（EU）が導入を計画している炭素国境調整メカニズム（Carbon Border Adjustment Mechanism: CBAM）では，輸入炭素関税のみを実施することが提案されているが，輸出還付金も同時に導入すべきだとの意見もある。そこで，国際貿易論の寡占モデルを用いて，国境炭素調整措置の導入根拠とされるカーボンリーケージ防止やCO_2排出量削減の観点から，輸入炭素関税だけでなく輸出還付金を国境炭素調整の制度に含めるべきかを考察する。企業の排出削減技術（炭素集約度）や輸出市場の規模が，輸出還付金導入の是非を判断する際に重要であることを示す。

キーワード：地球温暖化問題，国際貿易，炭素価格，国境炭素調整措置，カーボンリーケージ

---

* 本稿は日本国際経済学会第81回全国大会・共通論題「環境・資源・災害のリスクと国際経済」での報告論文を加筆・修正したものである。討論者の小橋文子先生には貴重なコメントをいただいた。この場を借りて感謝を申し上げます。

** E-mail: m-yomogi@sophia.ac.jp

1. はじめに

2015年12月にCOP21で採択されたパリ協定では，地球温暖化問題の解決に向けて世界共通の長期目標が合意された[1]。この目標を実現するための手段として，世界各国は炭素税や排出枠取引による炭素価格制度の導入や検討を進めている。炭素価格の導入に際して懸念されるのは，カーボンリーケージである。カーボンリーケージとは，排出規制を強化した国がCO_2排出量を削減しても，規制の緩い国や地域へ炭素集約度の高い産業が移転し，こうした国や地域でCO_2排出量が拡大する現象である。近年，炭素価格の導入によるカーボンリーケージを防止する手段として，国境炭素調整措置（Border Carbon Adjustments: BCAs）が注目されている。

本稿では，国境炭素調整の制度を概観し，国際貿易論の分析枠組みを用いてその有効性を評価する。はじめに，米国や欧州で国境炭素調整措置が検討されてきた背景を説明する。次に，EUが導入を計画している炭素国境調整メカニズム（Carbon Border Adjustment Mechanism: CBAM）を中心として国境炭素調整の制度を概観する。国境炭素調整措置には輸入炭素関税（carbon tariff）と輸出還付金（export rebate）の二つの手段があり，欧州委員会が提案したCBAMでは，輸入炭素関税のみを実施することが計画されている[2]。し

---

1) COPとはConference of the Partiesの略称で，国連気候変動枠組条約締約国会議のことである。第21回目の締約国会議COP21がフランスのパリで開催され，新たな法的枠組みであるパリ協定が採択された。

パリ協定では，温室効果ガス排出削減の長期目標として，(1) 世界全体の平均気温の上昇を工業化以前に比べ2°Cより十分下方に抑える（2°C目標）と共に1.5°Cに抑える努力をすること，(2) 21世紀後半に人為的な温室効果ガス排出量を実質ゼロとすること（排出量と吸収量を均衡させること）が掲げられた。

2) 国境炭素調整措置は，貿易を通して炭素価格の国際格差を調整する手段である。炭素税の場合には，輸入炭素関税と輸出炭素税還付金が，また，排出枠取引制度の場合には，排出枠価格に応じて決まる輸入課徴金と輸出還付金が，それぞれ国境炭素調整措置となる。EU CBAMは，EUの排出枠取引制度（Emissions Trading System: ETS）の国境炭素調整措置であるから，輸入に対する措置は輸入課徴金である。ただし，排出↗

かしながら，EU産業界はこの制度設計を批判し，輸出還付金の導入を強く求めている。これに対してEUの環境NGOは，輸出還付金がカーボンダンピングであると指摘し，CBAMに輸出還付金を含めるべきではないと主張している。また，輸出還付金を実施しなければ，EU企業の域外輸出市場での競争力が低下し，カーボンリーケージが生じ得るとの調査報告も示されている。

国境炭素調整の制度には，輸入炭素関税に加えて輸出還付金も含めるべきだろうか。本稿では，国際寡占モデルの枠組みを用いて，カーボンリーケージ防止やCO_2排出量削減の観点からこの課題を検討する。輸出還付金導入の是非は，炭素価格によって排出制限を強化する国と排出規制の緩い貿易相手国の間で，生産の炭素集約度や市場規模の違いがどの程度あるかに応じて決まることを示す。ある国が炭素価格を引き上げた場合，その国の企業が貿易相手国の競合企業に比べて極めて小さい炭素集約度で生産し，貿易相手国の市場が国内市場に比べて非常に大きい場合には，輸入炭素関税と輸出還付金を共に実施する方がカーボンリーケージを防止しCO_2総排出量を削減する効果が高いことを明らかにする。さらに，この条件のもとで輸入炭素関税のみを実施した場合，炭素価格を一方的に引き上げることはカーボンリーケージによる総排出量の増大を招く可能性があることを示す。また，炭素価格を引き上げる国の企業が貿易相手国の競合企業に比べてより小さい炭素集約度で生産したとしても，その差が十分に小さい場合には，輸入炭素関税のみを実施することが総排出量を最も大きく削減し得ることを示す。したがって，EUがCBAMに輸出還付金を導入すべきか否かの判断は，域外国とEUの間での企業の炭素集約度や市場規模の違いに応じて異なるという政策含意が導かれる。

↗ 枠取引制度の輸入措置を輸入炭素関税（carbon tariff）と呼ぶ場合もあるため，本稿では輸入炭素関税という用語を使用する。

2. 国境炭素調整措置の制度

本節では，国境炭素調整措置の導入背景や制度について解説する。はじめに，米国や欧州で国境炭素調整措置の導入が検討されてきた背景を簡単に説明する。次に，2021 年に欧州委員会が提案した炭素国境調整メカニズム（Carbon Border Adjustment Mechanism: CBAM）を中心として国境炭素調整の制度を概観する。

2.1 国境炭素調整措置導入の背景

炭素税や排出枠取引による炭素価格の導入をめぐっては，国家間の政策に大きな隔たりがある[3)]。その理由の一つは，炭素価格が企業の国際競争力に少なからぬ影響を及ぼすからだ。炭素価格を引き上げると，その国で生産する企業の温室効果ガス排出費用の負担は増加し，炭素価格が低い国の企業に比べ国際競争で不利になる可能性がある。こうした理由から産業界の抵抗も強く，政府としても炭素価格を引き上げることは容易ではない。

炭素価格の国際競争への影響は，生産のエネルギー利用度が大きい，いわゆる炭素集約産業でとりわけ大きくなる。炭素集約産業の生産が，炭素価格の高い国から低い国へシフトすると，それに伴って温室効果ガス排出量も国際移動する。つまり，炭素価格を引き上げた国で温室効果ガス排出量が減少しても，炭素価格の低い国では逆に増大する可能性がある。こうした現象は，カーボンリーケージ（炭素漏出）と呼ばれ，それによって，国や地域による

---

3) 2021 年の時点で世界には 64 の炭素価格制度（炭素税や排出枠取引）があり，世界の温室効果ガス排出量の 21.5% がその対象である（World Bank, 2021, p. 21）。

炭素価格制度を導入している国の間でも大きな価格差がある。2021 年 4 月 1 日時点で，世界で最も高い炭素価格はスウェーデンの 137 米ドル /CO_2 トンであり，日本は 3 米ドル /CO_2 トンである。パリ協定で採択された 2°C 目標を実現するには，2020 年時点で炭素価格の水準が 40–80 米ドルの範囲かそれ以上であることが必要だが，実際にその条件を満たす炭素価格が課されている排出量は世界全体の排出量の 3.7% にすぎない（World Bank, 2021, p. 25–26）。

排出削減努力が無駄になることさえある。排出削減に取り組んだ国の削減量よりも，削減努力をしない国の排出量が大きく拡大すると，世界全体で排出量が増えてしまうからだ。

国境炭素調整措置はカーボンリーケージの縮小または防止の政策手段として期待されている。米国では2009年にオバマ政権のもとで，連邦レベルの排出枠取引制度の導入を含むワクスマン・マーキー法案が下院に提出された。この法案には国境炭素調整措置が含まれていた。当時，すでに主要な排出国となっていた中国やインドは，京都議定書のもとでは排出削減義務が課されていなかった。米国では排出枠取引制度の導入によって，こうした新興国へのカーボンリーケージが生じると懸念され，それを防止する目的で国境炭素調整措置が提案された。国境炭素調整措置の対象としては，鉄鋼やセメントなど国際競争に直面し，エネルギー集約度が高い産業が選ばれた。2009年12月にコペンハーゲンで開催されたCOP15では，京都議定書後の温室効果ガス排出削減の枠組みが議論され，米国は削減に消極的な国に対する国境炭素調整措置の実施を主張した。欧州や日本も米国の主張を支持したが，中国やインドをはじめとする新興国や途上国が強く反発したことから，コペンハーゲン合意では国境炭素調整措置は言及されなかった。ワクスマン・マーキー法案は下院で承認されたが上院で否決され廃案となったため，米国における連邦レベルの排出枠取引制度と国境炭素調整措置の実施は見送られた[4)]。

欧州連合（EU）では，2021年7月に欧州委員会（European Commission）が炭素国境調整メカニズム（CBAM）の導入計画を提示した。EUはパリ協定の長期目標を達成するため，2050年までに「気候中立」を達成するという独自の目標を掲げている。さらに，EUは2019年12月に「欧州グリーンディール」を公表し，2030年までに1990年比で温室効果ガス排出量を少なくとも55%削減するという目標を示した。この野心的な目標を実現するための政策パッケージとして，欧州委員会は2012年7月に“Fit for 55 Package”

4) 本稿の執筆時点において，米国ではバイデン政権のもとでも，炭素価格の導入計画は明示されていない。

を公表し，その中でEUが2050年までに「気候中立」を実現するための手段としてCBAMの実施計画を提案した。

EUは2005年からCO_2の排出枠取引制度（European Union Emissions Trading System: EU ETS）を実施してきたが，2013年よりカーボンリーケージのリスクが高い産業には排出枠を無償で割り当ててきた[5)]。現在，EUはETSフェーズ4（2021年–2030年）期間におけるカーボンリーケージ・リスクの高い産業を63指定し，当該産業の施設には割当量の100%を無償配分している[6)]。ただし，欧州グリーンディールで掲げた野心的な削減目標を達成するためには，今後，企業の排出削減を加速させる必要があり，そのためには排出枠の無償割り当ての縮小や排出枠全体の供給量削減が求められている。排出枠全体の供給量が削減されることで排出枠価格が上昇すると，域外国との炭素価格の差が拡大し，カーボンリーケージのリスクが高まる恐れがある。また，排出枠の無償割り当ての縮小は，そのリスクをさらに上昇させる。EUは排出枠の無償割りて等のカーボンリーケージ対策に代替する政策としてCBAMを位置づけている。

2.2　国境炭素調整措置とは何か

この節では，EUのCBAMを中心に国境炭素調整の制度を概観する。国境炭素調整措置は，炭素価格の導入による企業の競争条件悪化やカーボンリー

---

5) 現在，EU-ETSにはEU 27カ国とアイスランド，リヒテンシュタイン，ノルウェーが参加している。EU域内の温室効果ガス排出量の約40%をカバーしている。また，欧州委員会はどの産業がカーボンリーケージのリスクにさらされているかを定量的な評価手法で判定している。ETSの実施による直接・間接の追加費用が総付加価値に占める割合や非EU貿易依存度（非EUへの輸出額と非EUからの輸入額がEU域内の総売上高と非EUからの輸入額の合計に占める割合）が基準値を超える産業は，カーボンリーケージのリスクがあると判断される（上野・水野，2019, p. 24–25）。

6) 欧州委員会はNACE分類における鉱業・採石業と製造業に分類される245部門を対象にカーボンリーケージ・リスク評価を実施した。カーボンリーケージのリスクがあると認定された産業では，ETSフェーズ4の第一期間である2025年までの排出枠の無償割り当て量が決定されている。

ケージの防止を主な目的としている[7]。炭素税の場合，炭素価格は炭素税率であり，排出枠取引制度の場合は排出枠価格となる。炭素税と排出枠取引では，国境炭素調整の制度も異なることから，それぞれのケースを見ていこう。はじめに，炭素税の場合には国境炭素調整措置は国境税調整措置（Border Tax Adjustments: BTAs）の一種とみなすことができる。BTAsは消費税など内国税に適用されており，WTO（2009）はその定義を次のように述べている。BTAsには輸入と輸出を対象とする二つのケースがあり，輸入BTAsは同種の国内産品に課される税を輸入品に課すことであり，輸出BTAsは産品が輸出される場合に内国税を還付することである。輸入と輸出の双方，または，どちらか一方にBTAsは適用される。BTAsは製品の消費国で課税するという仕向地原則を実施するための手段であり，課税される国内企業と課税されない外国企業との競争条件を平準化することを目的としている（WTO, 2009, p. 100)。消費税などの間接税についてはBTAsの適用が認められているが，炭素税のBTAsがGATT・WTOルールと整合的であるかについては結論が出ていない。

次に排出枠取引のケースを見てみよう。排出枠取引の国境炭素調整措置についても，輸入と輸出の二つの状況を考えることができる。輸入炭素調整は，同等の排出削減義務を課していない国からの輸入に何らかの課徴金を課すことである。例えば，輸入業者に対して輸入品の生産過程で排出されたCO_2相当の排出枠の提出義務を課すことが挙げられる。輸出炭素調整は，同等の削減義務を課していない国へ輸出される製品に対して，CO_2排出にかかる費用を軽減する措置である。例えば，輸出品の生産過程で排出されたCO_2相当の排出枠購入額を輸出企業に還付する措置がある。

炭素税と排出枠取引のいずれにおいても，これまで国境炭素調整措置が導入された事例はない。また，国境炭素調整措置がGATT・WTOルールと整

---

7) この他に，EUと同等水準の炭素価格を貿易相手国に導入させるための経済的動機付けとしての役割も期待されている。

合的かについても明確な結論は出ていない[8)]。ここでは，2023年1月からの導入が検討されているEU CBAMの制度を概観しよう[9)]。CBAMの主要な特徴は次の通りである。

(a) CBAMが対象とするのは，鉄・鉄鋼，アルミニウム，セメント，肥料，電力の五つの産業である[10)]。各産業で対象となる製品はCNコードの4桁から8桁で規定される[11)]。これらの産業はエネルギー集約度が高く非EUとの貿易額も大きいことからカーボンリーケージのリスクが高いと考えられる。

(b) CBAM対象となる製品の輸入業者は，毎年5月31日までに前年の輸入についてのCBAM申告を要求される。輸入業者は輸入製品の生産過程で排出されたCO_2量に相当するCBAM証書を購入し納付しなければならない。このCBAM証書の購入額が輸入に対する課徴金であり，その額は次式で示される。

輸入業者の納付額＝CBAM証書の価格（CO_2トンあたり）×製品単位あたりの排出量（CO_2トン）×製品の輸入量

---

8) 国境炭素調整措置のGATT・WTOルールとの整合性を議論した文献として，例えば，Hufbauer, Charnovitz, and Kim（2009）やHorn and Mavroidis（2010）がある。また，CBAMのGATT・WTOルールとの整合性については，不公正貿易報告書（2022）に詳しい解説がある。

9) EU CBAMの詳細については，不公正貿易報告書（2022）やEuropean Commission（2021）を参照せよ。

10) その後，EUはCBAM対象製品に水素を加えた。ロシアのウクライナ侵攻を受けて，EUはロシア産化石燃料からの脱却を目指し「リパワーEU」計画を公表した。計画の中で，脱炭素実現に向けたエネルギー源として水素を重視し，域外からの水素輸入量を2030年までに年間約1000万トンまで引き上げるとしている（日本貿易振興機構，2022）。EUは水素輸入の拡大に備え，水素をCBAM対象に加えたと考えられる。

11) CNコードはCombined Nomenclatureの略称で，EU内で使用される共通の関税品目分類表である。他国のHSコードに相当する。

(c) 製品単位あたりのCO_2排出量は直接排出のみであるが，将来的には電力など生産に用いられた中間投入物の間接排出も対象となり得る。もし，製品単位あたりの排出量データが利用できない場合には，EU当局が設定したデフォルト値が利用される。
(d) CBAM証書の価格は，EU ETS排出枠の前週終値の平均値が用いられる。製品の輸出国で課された炭素価格や同種の産品に付与されたETS排出枠の無償割り当てについては控除される。
(e) CBAM証書が納付されない場合，証書あたり100ユーロの罰金が課される。
(f) EU ETSにリンクもしくは統合された炭素価格制度を創設した地域や国は，将来の合意に基づいて対象外となる。
(g) 2023年1月から2025年12月までを移行期間とし，輸入業者はこの期間四半期ごとに，製品ごとの総排出量（直接排出と間接排出）や製品の原産国で課された炭素価格を当局に報告しなければならない。ただし，CBAM証書の納付義務はない。
(h) CBAM対象となる製品の輸入業者は2026年1月よりCBAM証書の納付義務を負う。

図1はEUのCBAM製品の主要輸入相手国を示している。2020年時点では，ロシア，中国，トルコ，英国，ウクライナがEUへCBAM製品を供給する上位5カ国である。図2は各国ごとのEU輸入総額に占めるCBAM製品の割合を示している。中国はEUにとってCBAM製品の世界第2位の供給国であるが，EUの中国からの輸入額に占めるCBAM製品の割合は2%未満と大きくない。それでも，中国はCBAMがWTOルール違反であるとして厳しく批判している（Reuter, 2021）。CBAMへの不満はEU産業界からも噴出している。経済団体AEGIS Europeは，CBAM導入後のETS排出枠の無償割当継続や，輸入だけでなく輸出にも国境炭素調整措置の導入を要求している（AEGIS Europe, 2021）。

図1　EUのCBAM製品の主要な輸入相手国（100万米ドル，2020年）

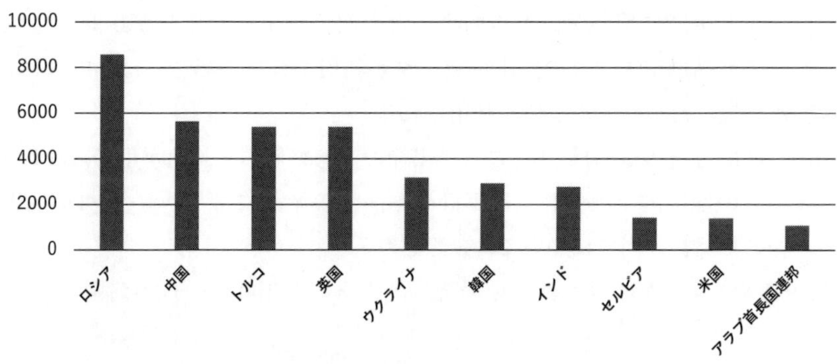

Hufbauer, Kim, and Schott（2021）表2より筆者作成

図2　EUの総輸入額に占めるCBAM製品の輸入割合（%，2020年）

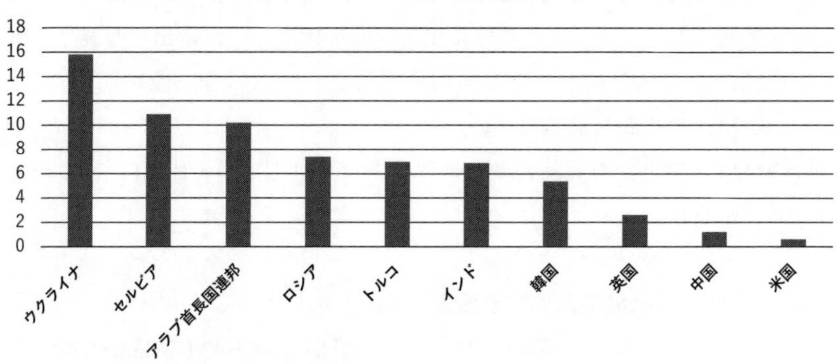

Hufbauer, Kim, and Schott（2021）表2より筆者作成

Marcu, Mehling, Cosbey and Maratou（2022）は，CBAMの輸出調整措置を実施しなければ，EU製品の輸出競争力が低下し，域外国製品の市場シェア拡大を通じてカーボンリーケージが起こると指摘している。その根拠として，（1）CBAM対象産業では，EUへの域外輸出額が大きく，国内生産額に占める域外輸出の割合も高いこと，（2）EUのCBAM製品はグローバル市場で競合する域外国製品に比べ炭素集約度が低いことを挙げている。図3に示

図3　EUのCBAM製品の域外輸出入額（100万米ドル，2020年）

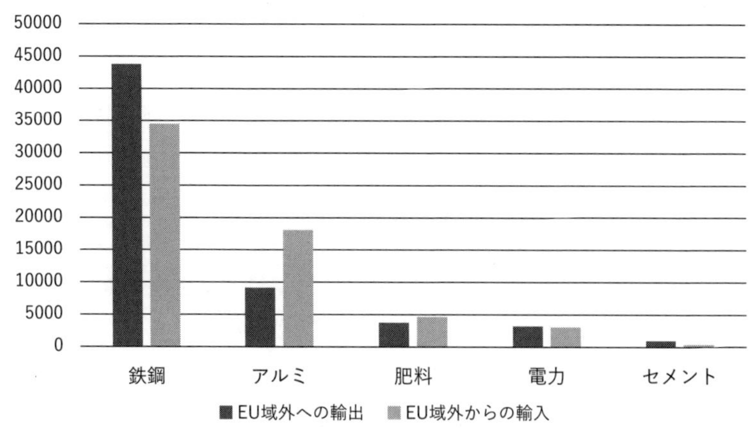

Hufbauer, Kim, and Schott（2021）表3・4より筆者作成

されているように，鉄鋼，アルミ，肥料では，EUの域外輸出額は輸入額と比べても小さくないことがわかる[12)]。他方で，環境NGOのCarbon Market Watchは，CBAMの輸出還付金はカーボンダンピングを招くことから，その導入に反対の姿勢を示している（Ruggiero, 2021）。国境炭素調整措置のカーボンリーケージ防止効果を予測した研究では，国境炭素調整措置の対象を全産業とした場合には炭素価格の輸出還付金がリーケージ防止効果を高めるという結果も示されている（Branger and Quirion, 2014）。CBAMにおける輸出措置の是非をめぐっては，現在も論争が継続しており，今後，欧州理事会や欧州議会でも議論される可能性がある[13)]。

---

12)　2018年に，EUの域外輸出が域内生産に占める割合は，鉄鋼22%，アルミ18%，肥料14%，セメント6%である（Marcu, Mehling, Cosbey and Maratou, 2022）。

13)　2022年6月に欧州議会が提示した欧州委員会提案に対する修正案では，炭素価格を有さない域外国への輸出に対して排出枠の無償割り当て継続という形で輸出還付金が含まれている（柳，2022, p. 145）。

3. 国境炭素調整措置の理論分析

本節では，簡単な分析枠組みを用いて，CBAMで論争となっている国境炭素調整措置に輸出還付金を含めるべきかという制度設計の問題を検討する。CBAMの対象となるのは，エネルギー集約度が高く生産物に体化された炭素を測定しやすい素材産業である。素材産業は大型装置で製造が行われるため，生産技術は企業レベルでの規模の経済により特徴づけられる。また，巨額の設備投資が参入障壁となることから，市場構造は少数企業が支配的となる寡占とみなすことができる。そこで，国際貿易の寡占モデルを応用して国境炭素調整措置の効果を検討する。

3.1 国境炭素調整措置にかかわる先行研究

分析をはじめる前に，先行研究を概観しておく。政策手段としての関心が高まるにつれ，経済学の分野でも国境炭素調整措置の研究が近年蓄積されつつある。米国で提案された国境炭素調整措置を経済学と法学の視点から包括的に検討した研究として有村・蓬田・川瀬（2012）がある。国境炭素調整措置のリーケージ防止効果等を定量的に評価した研究として，McKibben and Wilcoxen（2009），Elliott et al.（2010），Fischer and Fox（2012），Böhringer et al.（2012, 2017），Takeda et al.（2012），Mattoo et al.（2013），Larch and Wanner（2017），Takeda and Arimura（2023）等があり，理論的な分析を行った研究として，Jakob et al.（2013）や Eichner and Pethig（2015）がある。国境炭素調整措置を実施する国にとっての最適炭素税を理論的に分析した研究としては Yomogida and Tarui（2013）がある。

上記の文献は貿易によって生じるカーボンリーケージを検討しているが，直接投資などを通した生産拠点の移転もカーボンリーケージをもたらす。Ishikawa and Okubo（2017），Cheng and Ishikawa（2021），それに Ma and Yomogida（2021）は，国境炭素調整措置が企業の立地選択に及ぼす効果を明示的に考慮したモデルにより，炭素税の経済厚生や排出量への効果を分析している。

地球温暖化を防止するには，世界各国が協調して炭素価格を導入する必要がある。国境炭素調整措置が炭素価格政策の国際協調に及ぼす影響を理論的に分析した研究として，Helm et al.（2012），Eyland and Zaccoury（2014），Anouliès（2015），Bakski and Chaudhuri（2017），Sanctuary（2018），Al Khourdajie and Finus（2020），Hong, Sim, Obashi and Tsuruta（2022）等がある。

3.2 国際寡占理論による分析

ここでは，国境炭素調整措置のもとでの最適炭素税を分析した Yomogida and Tarui（2013）の寡占市場の分析枠組みを用いる。CBAM は排出枠取引制度のもとでの国境炭素調整措置であるが，本稿では炭素税の国境炭素調整措置の効果を分析する。排出枠価格は排出枠市場全体の需給で決まることから，CBAM 対象となる個々の企業は排出枠価格を所与として行動すると考えられる。したがって，産業レベルでの分析では，炭素価格（排出枠価格または炭素税率）を所与とみなし，その変化が企業の行動や排出量に及ぼす影響を検討することができる。2.2 節で触れた通り，Marcu, Mehling, Cosbey and Maratou（2022）は，CBAM 産業において EU の域外輸出額が大きく，企業の炭素集約度が競合国より低い場合，輸出還付金を導入しないとカーボンリーケージが生じると指摘した。本節の主な目的は，彼らの主張が支持されるのかを理論的に検討することであり，Yomogida and Tarui（2013）の枠組みは，国家間で市場規模，企業数，企業の炭素集約度が異なる状況を想定していることから，その目的に適している。筆者の知る限り，この問題は先行研究では十分に検討されていない。

3.2.1 基本モデル

国 1 と国 2 の 2 国からなるクールノーの寡占モデルを考えよう。それぞれの国の当該産業には，1 社が本拠を置き一定の限界費用で同質財を生産する[14)]。第三者による裁定取引は不可能であり，各国の市場は分断されていると

14) それぞれの国の企業数が異なるケースにも拡張できるが，分析の複雑化を避けるため各国の企業数が 1 であるケースのみを考察する。蓬田（2013）は企業数が国ごとに ↗

仮定する。このとき，企業は国内市場への販売に加えて，相手国市場に相互に輸出しあうことが知られており，この現象は同質財の産業内貿易と呼ばれている[15)]。国iを本拠とする企業i $(i = 1, 2)$の国j $(j = 1, 2)$の市場への販売量をq_{ij}とすると，国i $(i = 1, 2)$の市場の総販売量q_iは$q_i = q_{ii} + q_{ji}$ $(i, j = 1, 2,\ i \neq j)$となる。各国の需要関数は線型であり，国iの市場の逆需要関数は$p_i = a_i - b_i q_i$ $(a_i, b_i > 0)$で示される。

企業の生産過程では化石燃料の燃焼に伴いCO_2が排出される。企業i $(i = 1, 2)$の生産量単位あたりの排出量をe_i $(i = 1, 2)$で示し，その値は生産量に関わらず一定であるとする。企業の間で排出係数e_iの大きさは異なり，優れた排出削減技術を利用する企業は，より小さい排出係数で生産できるとしよう。また，企業の排出係数は生産の炭素集約度とみなすことができる。当該産業の国i $(i = 1, 2)$の総排出量は，その国に拠点を置く企業の国内市場向け生産と輸出向け生産による排出量の総和であり，$e_i (q_{ii} + q_{ij})$で示される。

政府は国内産業部門のCO_2排出削減を目的とした炭素税を課す。国i $(i = 1, 2)$のCO_2排出量単位あたりの炭素税率をτ_iで示し，国1は国2よりも高い炭素税率を課している，つまり，$\tau_1 > \tau_2$であるとしよう。国1は炭素税に加えて国境炭素調整措置を導入するが，国2は炭素税のみを課すとする。国境炭素調整措置は輸入に課される炭素関税と輸出の炭素税還付の二つの措置から構成されている。国1の炭素関税率は，輸入品に体化された炭素量単位あたりt_1，輸出炭素税還付率は，輸出品に体化された炭素量単位あたりr_1とする[16)]。国1が輸入炭素関税の賦課と輸出炭素税還付を同時に実施する場合と，輸入炭素関税のみで輸出炭素税還付は行わないケースを想定し，どちらのケースがカーボンリーケージや総排出量の削減により有効かを検討する。

↗ 異なる寡占モデルで国境炭素調整措置の効果を考察しているが，輸入炭素関税のみから構成される国境炭素調整措置の効果を分析していない。

15) Brander（1981）およびBrander and Krugman（1983）を参照せよ。

16) 輸入炭素関税はCopeland（1996）が国境炭素調整措置とは異なる問題で検討した汚染含有量関税（pollution content tariff）と類似した政策手段である。

企業 i $(i = 1, 2)$ が国内販売と外国輸出から獲得する総利潤 π_i は,

$$\pi_1 = (p_1 - c_1 - \tau_1 e_1)q_{11} + [p_2 - c_1 - (\tau_1 - r_1)e_1]q_{12},$$

$$\pi_2 = (p_2 - c_2 - \tau_2 e_2)q_{22} + [p_1 - c_2 - (t_1 + \tau_2)e_2]q_{21},$$

で示される。利潤最大化の 1 階条件から，市場均衡における各企業の販売量は次のように導かれる。国 1 の市場における各企業の均衡販売量は

$$q_{11} = \frac{1}{3b_1}[a_1 - 2(c_1 + \tau_1 e_1) + c_2 + (t_1 + \tau_2)e_2], \tag{1}$$

$$q_{21} = \frac{1}{3b_1}\{a_1 - 2[c_2 + (t_1 + \tau_2)e_2] + c_1 + \tau_1 e_1\}, \tag{2}$$

となり，国 2 の市場における各企業の均衡販売量は

$$q_{22} = \frac{1}{3b_2}[a_2 - 2(c_2 + \tau_2 e_2) + c_1 + (\tau_1 - r_1)e_1], \tag{3}$$

$$q_{12} = \frac{1}{3b_2}\{a_2 - 2[c_1 + (\tau_1 - r_1)e_1] + c_2 + \tau_2 e_2\}, \tag{4}$$

となる。

国 i $(i = 1, 2)$ における当該産業の排出量 E_i は，その国に拠点を置く企業の総排出量に等しい。

$$E_1(\tau_1, \tau_2, t_1, r_1) = e_1(q_{11} + q_{12}), \tag{5}$$

$$E_2(\tau_2, \tau_1, t_1, r_1) = e_2(q_{22} + q_{21}). \tag{6}$$

3.2.2　カーボンリーケージ

はじめに，国 1 が国境炭素調整措置を実施しない状況で，国 1 の炭素税率上昇がカーボンリーケージを引き起こすことを確認しておこう。国境炭素調

整措置が実施されないとき，国1の輸入炭素関税率と輸出炭素税還付率は共にゼロとなり，$t_1 = r_1 = 0$である。各企業の均衡生産量（1）-（4）を各国の排出量（5）-（6）に代入し，国1の炭素税率で偏微分すると次式を得る。

$$\frac{\partial E_1}{\partial \tau_1} = -2e_1^2\left(\frac{1}{3b_1} + \frac{1}{3b_2}\right) < 0,$$

$$\frac{\partial E_2}{\partial \tau_1} = e_1 e_2\left(\frac{1}{3b_1} + \frac{1}{3b_2}\right) > 0.$$

国1が一方的に炭素税を引き上げると，国1に生産拠点を置く企業1のCO_2排出費用は増大するが，国2に拠点を置く企業2のCO_2排出費用は変化しない。そのため，国内外の市場で企業1のコスト競争力は低下し生産・販売量が減少する一方で，企業2はそれとは逆に生産・販売量を増大させる。その結果，国1の炭素税の上昇により国1の排出量は低下するが国2の排出量が上昇するという現象，カーボンリーケージが起こる。国境炭素調整措置の主要な目的は，このようなカーボンリーケージを削減し総排出量の増大を防止することにある。カーボンリーケージは，国1の排出削減努力の効果を弱めるだけでなく，場合によっては当初よりも全体の排出量を増大させる可能性がある。国1の炭素税上昇が両国の排出量の総和である$E = E_1 + E_2$へ及ぼす効果は次式で示される。

$$\frac{\partial E_N}{\partial \tau_1} = \left(\frac{1}{3b_1} + \frac{1}{3b_2}\right)e_1\left(e_2 - 2e_1\right). \tag{7}$$

ここで，総排出量Eの添え字Nは国境炭素調整措置が導入されていないことを示す。この式から，炭素税を引き上げた国1に拠点を置く企業1の排出係数が，貿易相手国である国2で生産する企業2の排出係数に比べて十分に小さければ，すなわち$2e_1 < e_2$であれば，カーボンリーケージによって両国の排出量の総和が拡大することになる。この結果は次のような理由から生じる。国1の一方的な炭素税引き上げは，優れた排出削減技術によって生産さ

れる企業1の生産を減らす一方で，生産量あたりの排出量がより大きい企業2の生産を拡大する。企業間の技術格差が大きくなり，排出係数の違いが閾値を超えると，企業2の排出量の増大が企業1の排出量の削減を上回るため，総排出量の増大が生じるのである。

命題 1　ある国が炭素税を一方的に引き上げると，その国の生産に伴う排出量は減少するが，貿易相手国では生産の拡大によって排出量が拡大する。この現象をカーボンリーケージと呼ぶ。炭素税を引き上げた国の企業が，貿易相手国の企業よりも十分に優れた排出削減技術を使用して生産する場合，カーボンリーケージによって両国の総排出量は増大する。ただし，両国企業間の排出削減技術の差が小さい場合，カーボンリーケージが生じても，両国の総排出量は減少する。

3.2.3　国境炭素調整措置の効果―輸入炭素関税のケース―

次に国境炭素調整措置の効果を検討しよう。国境炭素調整措置には，(1) 輸入炭素関税のみ課す場合と，(2) 輸入炭素関税を課すと同時に輸出炭素税を還付する場合がある。はじめに，輸入炭素関税のみ課す場合を考察する。

国2の炭素税率が国1よりも低いと仮定する場合，生産過程で排出されるCO_2単位あたりの税負担は企業1よりも企業2の方が小さくなる。そこで，国1は企業1と企業2の炭素税負担を平準化する目的で国境炭素調整措置を行う。輸入炭素関税のみ課す場合，国1は両国の炭素税率の差$\tau_1 - \tau_2$に等しくなるように炭素関税率t_1を設定する。つまり，$t_1 = \tau_1 - \tau_2$となるように炭素関税率が選ばれる。また，輸出炭素税還付を実施しないことから還付率は$r_1 = 0$となる。このとき，国1の市場で販売される国産品と輸入品は生産過程で排出されるCO_2単位あたりの税負担が同等となり，国1の一方的な炭素税の引き上げは国内市場で販売される内外産品の炭素税負担を同じ率で上昇させる。国1の炭素税上昇が輸入炭素関税のもとで各国の排出量に及ぼす効果を次のように導くことができる。

$$\frac{\partial E_1}{\partial \tau_1} = e_1\left[\frac{e_2 - 2e_1}{3b_1} - \frac{2e_1}{3b_2}\right] \tag{8}$$

$$\frac{\partial E_2}{\partial \tau_1} = e_2\left[\frac{e_1}{3b_2} - \frac{2e_2 - e_1}{3b_1}\right] \tag{9}$$

輸入炭素関税のみが実施される場合，国1の炭素税上昇が各国の排出量に及ぼす影響は，排出削減技術の両国間の違いに応じて異なる。輸入炭素関税は，企業2の輸出減少を通して国2の排出削減を促すが，企業1の自国市場向け生産を拡大させ，国1の排出量増大を招く可能性がある。実際，企業間の排出削減技術の違いが十分に大きく，排出係数が $2e_1 < e_2$ を満たすとき，国1の炭素税上昇は企業1が国内市場で販売する財の生産を拡大させ，国1の排出量に正の影響をもたらす（式（8）右辺中括弧内の第一項参照）。その理由は，国1の炭素税率の上昇は輸入炭素関税率の上昇を通して，排出係数のより大きな企業2の炭素税コストを企業1よりも大きく増大させるからである。その結果，国1の市場では企業2が販売量を減少させ企業1は販売量を増大させる[17)]。さらに，輸入炭素関税によって，国1の市場では市場シェアを失った企業2の利潤は減少し，市場シェアを拡大した企業1の利潤は増大することがわかる。この結果は，輸入炭素関税のもとでの炭素税政策には，利潤移転の効果があることを示唆している[18)]。

式（8）と（9）より，国1の炭素税上昇が両国全体の排出量に及ぼす効果を次のように導くことができる。

$$\frac{\partial E_C}{\partial \tau_1} = -\frac{2\left[(e_1 - e_2)^2 + e_1 e_2\right]}{3b_1} + \frac{e_1(e_2 - 2e_1)}{3b_2} \tag{10}$$

---

17) Sugeta and Matsumoto（2005）は，一般的な寡占市場のモデルで環境税の上昇が汚染集約度の小さい企業の生産量を拡大させる可能性があることを示している。

18) Ma and Yomogida（2021）は，企業が排出削減技術や生産拠点を内生的に選択するモデルを構築し，国境炭素調整措置の利潤移転効果が企業の技術や立地の選択に重要な影響を及ぼすことを示している。また，そのモデルを用いて，国境炭素調整措置が実施される場合の最適炭素税を分析している。

ここで，総排出量Eの添え字Cは，輸入炭素関税（carbon tariff）のみが導入されていることを示す。この式の右辺第1項は，国1の炭素税および炭素関税の上昇が，自国市場での総販売量の減少を通して排出量を減少させる効果を示している。輸入品に炭素関税が課されることで，企業2が国1の市場へ輸出する財の生産は減少することから，企業2の排出量は必ず減少する。他方で，炭素税の上昇が企業1の販売量に及ぼす効果は，企業間の排出削減技術（排出係数）の差に応じて異なる。技術格差が大きい（$2e_1 < e_2$）場合は，企業1の販売量は増え，それに応じて排出量も増える。また，技術格差が小さい（$e_1 < 2e_1$）場合は，企業1の販売量が減ることから排出量も減少する。式（10）の右辺第1項は，いずれの場合にも，国1市場向け製品の生産による総排出量が減少することを示している。

国2に供給される財の生産と排出量に及ぼす効果は，国1の輸出炭素税還付がないことから，国境炭素調整措置が実施されないケースと同様になる。つまり，国1の炭素税の上昇は，企業1の輸出財生産の減少および企業2の自国市場向け生産の増大をもたらす。その結果，国2の市場では，排出係数の小さな企業1のシェアが低下し，排出係数の大きな企業2のシェアが拡大する。企業間の排出削減技術の差が大きく，排出係数が$2e_1 < e_2$を満たす場合には，国1の炭素税の上昇によって，国2で消費される財の生産過程で排出されるCO_2量は増大する（式（10）の右辺第二項を参照）。ただし，技術格差が小さい（$e_2 < 2e_1$）場合には，そのCO_2量は減少する。上記の結果を表1にまとめることができる。

このように，企業間の排出削減技術（排出係数）の差が大きいケースでは，輸入炭素関税のもとで国1が炭素税を引き上げると，国1で消費される財の生産過程で排出される総CO_2量は減少するものの，国2で消費される財の生産過程で排出されるCO_2の総量は増大する可能性がある。この結果は，国1の炭素税上昇が両国全体の総排出量を増大させる可能性を示唆している。実際，国2の市場規模が国1に比べて十分大きい場合には，両国全体の総排出量が増大することを示すことができる。表2は排出削減技術の差が十分に大

表1　輸入炭素関税のみが実施される場合の国1の炭素税上昇の効果

	国1で消費される財の生産に伴う排出量	国2で消費される財の生産に伴う排出量
企業1の排出量	＋ if $2e_1 < e_2$ – if $2e_1 > e_2$	–
企業2の排出量	–	＋
両企業の総排出量	–	＋ if $2e_1 < e_2$ – if $2e_1 > e_2$

表2　輸入炭素関税のみが実施される場合の国1の炭素税上昇の効果（$2e_1 < e_2$ のケース）

	$\frac{b_2}{b_1} < \frac{e_1(e_2-2e_1)}{2[(e_1-e_2)^2+e_1e_2]}$	$\frac{e_1(e_2-2e_1)}{2[(e_1-e_2)^2+e_1e_2]} < \frac{b_2}{b_1} < \frac{e_1}{2e_2-e_1}$	$\frac{e_1}{2e_2-e_1} < \frac{b_2}{b_1} < \frac{2e_1}{e_2-2e_1}$	$\frac{2e_1}{e_2-2e_1} < \frac{b_2}{b_1}$
企業1の総排出量	–	–	–	＋
企業2の総排出量	＋	＋	–	–
両企業の総排出量	＋	–	–	–

きい場合，すなわち $2e_1 < e_2$ が成り立つ場合の国1の炭素税上昇の排出量への影響をまとめたものである。市場規模を示すパラメータとして b_i $(i = 1, 2)$ に注目すると，国2の市場規模が国1に比べて十分に大きい場合，つまり b_2 が b_1 よりも十分に小さいとき，輸入炭素関税を課した場合でも，国1の炭素税の上昇はカーボンリーケージを引き起こし，両国の総排出量を増大させてしまうことがわかる（表2の2列目の結果）。

ただし，企業間の排出削減技術の差が小さい，つまり，$2e_1 > e_2$ が成り立つ場合には，上記の結果は得られない。輸入炭素関税のもとで国1が炭素税を上昇させると，国2の市場規模が国1よりも大きく，カーボンリーケージが生じたとしても，両国企業の総排出量は必ず減少する（表3を参照）。

命題 2　ある国が輸入炭素関税を導入し炭素税を一方的に引き上げるとしよう。その国の企業が使用する排出削減技術が貿易相手国の企業に比べ十分

表3　輸入炭素関税のみが実施される場合の国1の炭素税上昇の効果（$2e_1 > e_2$ のケース）

	$\frac{b_2}{b_1} < \frac{e_1}{2e_2 - e_1}$	$\frac{e_1}{2e_2 - e_1} < \frac{b_2}{b_1}$
企業1の総排出量	−	−
企業2の総排出量	+	−
両企業の総排出量	−	−

に優れていて，貿易相手国の市場規模がその国よりも十分大きいとき，その国の炭素税の上昇はカーボンリーケージを引き起こし，両国の総排出量を増大させる。ただし，企業の排出削減技術の格差が小さい場合，その国の炭素税の上昇がカーボンリーケージを引き起こしても，両国全体の総排出量は減少する。

3.2.4　国境炭素調整措置の効果―輸入炭素関税と輸出炭素税還付のケース―

最後に，国1が輸入炭素関税を課すと同時に輸出炭素税を還付する国境炭素調整措置の効果を検討しよう。この政策のもとでは，輸入炭素関税率は $t_1 = \tau_1 - \tau_2$，輸出炭素税還付率は $r_1 = \tau_1 - \tau_2$ を満たす。このとき，国1の炭素税上昇が各国排出量へ及ぼす効果は次にように導かれる。

$$\frac{\partial E_1}{\partial \tau_1} = \frac{e_1(e_2 - 2e_1)}{3b_1} \tag{11}$$

$$\frac{\partial E_2}{\partial \tau_1} = -\frac{e_2(2e_2 - e_1)}{3b_1} \tag{12}$$

輸出炭素税が還付されるため，国1の炭素税の上昇は国2の市場における各企業の市場シェアには影響しない。そのため，国2で消費される財の生産過程で排出される CO_2 量には一切影響がない。他方で，国1の市場の各企業の市場シェアへの影響は，輸出炭素税の還付がなく輸入炭素関税のみ課される場合と等しくなる。企業間の排出削減技術の差が十分大きく，排出係数が

$2e_1 < e_2$ を満たす場合，国1の炭素税の上昇は国1の市場における企業1のシェアを拡大させ企業2のシェアの低下をもたらす。その結果，国1の排出量に正の効果，国2の排出量に負の効果がある。ただし，その場合にも，両国の排出量の総和は減少する（式（10）の右辺第一項を参照せよ）。

さらに，国1が輸入炭素関税のみを導入し，輸出の炭素税還付を実施しない場合に比べて，国1の炭素税の上昇が両国の総排出量を減少させる効果がより大きくなる場合がある。輸出炭素税が還付される場合には，国1の炭素税の上昇は企業1の輸出競争力に中立となり，国2の市場の各企業の市場シェアには影響しない。しかしながら，排出削減技術の企業間格差が大きい（$2e_1 < e_2$）場合，国1が輸出炭素税還付を行わずに炭素税を上昇させると，国2で消費される財の生産過程で排出される CO_2 量は増大してしまう。そのため，輸出炭素税の還付を実施する場合の方が，炭素税の上昇による総排出量の削減効果はより大きくなる。

また，排出削減技術の企業間格差が小さく，排出係数が $e_2 < 2e_1$ を満たす場合には，国1の炭素税の上昇は両国の排出量に負の影響をもたらす。したがって，両国の排出量の総和は減少する。ただし，この場合には，排出削減技術の企業間の差が大きい場合と異なって，国1の炭素税上昇が両国の総排出量を減少させる効果は，輸出炭素税が還付されない場合の方が大きくなる。なぜなら，輸出炭素税が還付される場合には，国1の炭素税の上昇は国2の市場で消費される財の生産過程で排出される CO_2 量に影響はないが，輸出炭素税が還付されない場合には，負の影響があるからである（表1を参照）。

命題3　ある国が輸入炭素関税と輸出炭素税の還付を導入し，炭素税を一方的に引き上げるとしよう。その国の企業の排出削減技術が貿易相手国の企業の技術よりも十分に優れている場合，その国の炭素税上昇が両国の総排出量に及ぼす負の効果は，輸入炭素関税のみを実施する場合に比べて大きくなる。また，その国の企業の排出削減技術が貿易相手国の企業の技術よりも優れているが，その差が小さい場合には，その国の炭素税上昇が両国の総排出

図4　企業間の排出削減技術の差が大きく，貿易相手国の市場規模が相対的に大きいケース

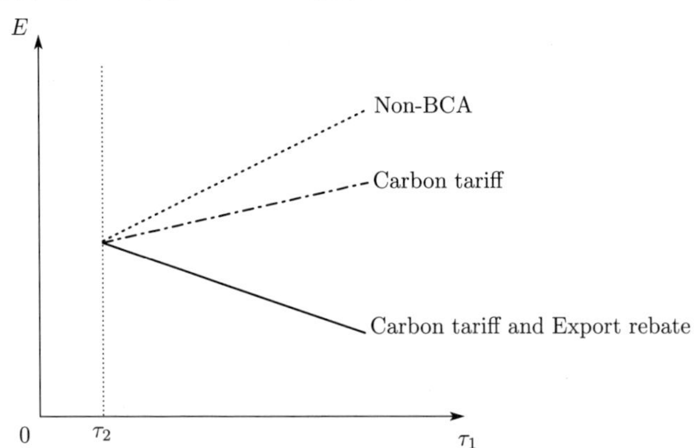

量に与える負の効果は，輸入炭素関税のみを導入し輸出炭素税を還付しない場合に比べて小さくなる。

3.2.5　炭素税の輸出還付は必要か―CBAM への含意―

ここまで，(1) 輸入炭素関税のみ実施するケースと (2) 輸入炭素関税と輸出炭素税の還付を同時に実施するケースの二種類の国境炭素調整措置の効果を検討した。国境炭素調整措置を実施しないケースを基準として，それぞれの国境炭素調整措置の効果を比較してみよう。上記の分析結果から，ある国の一方的な炭素税の引き上げが各国の排出量へ及ぼす効果は，企業間の排出削減技術の違いに応じて異なることがわかった。はじめに，国1の企業の排出削減技術が国2の企業の技術よりも優れており，企業間の排出係数の差が十分大きい場合（$2e_1 < e_2$のケース）を検討しよう。図4には国2の市場規模が国1よりも十分に大きい場合に，国1の一方的な炭素税の上昇が両国の総排出量に及ぼす影響が描かれている[19]。国境炭素調整措置を実施しないケース（non-BCA）では，国1の炭素税の上昇はカーボンリーケージを引き

[19]　図4は両国間の市場規模の違いが表2の2列目の条件を満たす場合を描いている。

起こし両国の総排出量を増大させる。輸入炭素関税のみ実施するケース（carbon tariff）では，総排出量の水準は国境炭素調整措置が実施されない場合に比べ減少するものの，国1の炭素税の上昇はカーボンリーケージを引き起こし総排出量を拡大させてしまう（表2の2列目の結果)。また，輸入炭素関税と輸出炭素税の還付を同時に実施するケース（carbon tariff and export rebate）では，カーボンリーケージは発生せず，総排出量の水準も輸入炭素関税のみのケースよりも低下し，国1の炭素税の上昇は総排出量を削減することがわかる。

次に，国1の企業の排出削減技術が国2の企業の技術よりも優れているが，その差が小さく排出係数が $e_2 < 2e_1$ を満たすケースを検討しよう。企業間の排出削減技術の差が大きい場合と比べて，いくつか重要な違いがある。第一に，国1が国境炭素調整措置を実施しない（non-BCA）場合，炭素税の引き上げによりカーボンリーケージは生じるものの総排出量は減少する[20)]。第二に，輸入炭素関税のみを課す場合（carbon tariff)，国家間の市場規模の違いに関わらず，国1の炭素税の上昇は総排出量を減少させる。第三に，輸入炭素関税に加えて輸出炭素税の還付を導入する場合（carbon tariff and export rebate）と比較すると，輸入炭素関税のみを課す場合（carbon tariff）の方が，国1の炭素税の上昇による総排出量の削減効果がより大きくなる。そして最後に，輸入炭素関税と輸出炭素税還付を同時に導入する場合，国境炭素調整措置を実施しない場合と比較して，炭素税による総排出量の削減効果が小さくなる可能性がある。

最後の結果は，国2の市場規模が国1に比べて大きい場合に生じ得る。輸入と輸出の双方で国境炭素調整措置を導入する場合の炭素税の総排出量への効果（式（10）の右辺第1項を書き換えた式）と，どちらも導入しない場合の炭素税の総排出量への効果（式（7)）は，それぞれ次式で示される。

---

20) 言い換えると，国2の排出量は増大するが，国1の排出量がより大きく減少するため総排出量は小さくなる。

$$\frac{\partial E_B}{\partial \tau_1} = \frac{[e_1(e_2 - 2e_1) - e_2(2e_2 - e_1)]}{3b_1},$$

$$\frac{\partial E_N}{\partial \tau_1} = \left(\frac{1}{3b_1} + \frac{1}{3b_2}\right) e_1 \left(e_2 - 2e_1\right).$$

ここで，総排出量Eの添え字BはBCAsを示し，輸入炭素関税と輸出炭素税還付（carbon tariff and export rebate）が共に導入されていることを示す。この二つの式から

$$\frac{\partial E_N}{\partial \tau_1} \lesseqgtr \frac{\partial E_B}{\partial \tau_1} \leftrightarrow \frac{b_2}{b_1} \lesseqgtr \frac{e_1(2e_1 - e_2)}{e_2(2e_2 - e_1)},$$

を導くことができる。排出削減技術の企業間の差が小さい（$2e_1 > e_2$）場合，$e_1 (2e_1 - e_2)/e_2 (2e_2 - e_1) \in (0, 1)$となる。国2の市場規模が国1よりも大きい，すなわちb_2/b_1が十分に1より小さく$b_2/b_1 < e_1 (2e_1 - e_2)/e_2 (2e_2 - e_1)$が成り立つとき，国境炭素調整措置を輸入と輸出の双方で導入することが，導入しない場合よりも炭素税の総排出量の削減効果を弱めてしまことがわかる[21]。つまり，国1が国境炭素調整措置を導入すると，輸入炭素関税によって国内市場へ輸出する国2の企業の排出量を削減できるが，輸出の炭素税還付は国1の企業の国2への輸出に伴う排出量を増加させてしまう。国2の市場規模が国1よりも大きい場合，国1の企業の国2への輸出拡大による排出量の増大が国2の企業の国1への輸出減少による排出量の低下を上回るため，炭素税の総排出量削減の効果が弱まってしまうのである。

ただし，輸入炭素関税のみを実施する場合は，国境炭素調整措置を輸入と輸出の双方で導入する場合やどちらにも導入しない場合に比べて，炭素税の排出量削減効果は大きくなる。国1が輸入炭素関税のみを課した場合，国1の炭素税の上昇が総排出量に及ぼす効果は，式（10）より次のように示すこ

---

[21] 排出削減技術の企業間の差が小さい（$2e_1 > e_2$）場合，$\partial E_N/\partial \tau_1 < 0$かつ$\partial E_B/\partial \tau_1 < 0$が成り立つ。

図5　企業間の排出削減技術の差が小さく（$e_2 < 2e_1$），貿易相手国の市場規模が相対的に大きいケース

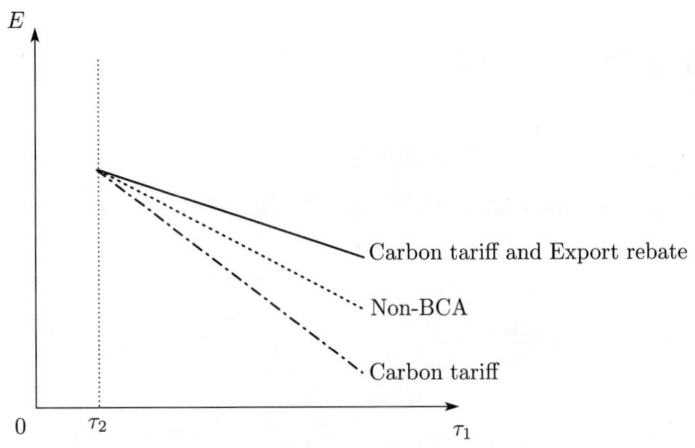

とができる。

$$\frac{\partial E_C}{\partial \tau_1} = \frac{[e_1(e_2 - 2e_1) - e_2(2e_2 - e_1)]}{3b_1} + \frac{e_1(e_2 - 2e_1)}{3b_2}.$$

国1が輸入と輸出の双方に国境炭素調整措置を実施する場合やどちらも導入しない場合と比較すると，次の結果を示すことができる。

$$\frac{\partial E_C}{\partial \tau_1} < \min\left\{\frac{\partial E_N}{\partial \tau_1}, \frac{\partial E_B}{\partial \tau_1}\right\} < 0.$$

ここで，排出係数が $e_2 < 2e_1$ を満たす場合に上記の不等式が成立する。つまり，排出削減技術の企業間の差が小さい場合には，国1の炭素税による総排出量の削減効果は，輸入炭素関税のみを課した場合が最大となる（図5を参照）[22]。

22)　図5には国2の市場規模が国1よりも相対的に大きく，$b_2/b_1 < e_1(2e_1 - e_2)/e_2(2e_2 - e_1)$ が成り立つケースが描かれている。

これまでの結果をもとに国境炭素調整の制度を評価すると，次のような結果を導くことができる。

命題 4　炭素税を引き上げる国 1 の企業と貿易相手国である国 2 の企業との排出削減技術の差が大きく，企業の排出係数が $2e_1 < e_2$ を満たすとする。国 2 の市場規模が国 1 よりも相対的に大きい場合に次の結果が導かれる。

1. 輸入炭素関税のみを実施して炭素税を一方的に引き上げると，カーボンリーケージによって総排出量が増大する可能性がある。
2. 輸入炭素関税に加えて輸出炭素税還付を導入すると，カーボンリーケージは防止され，炭素税の一方的な上昇により総排出量は減少する。

命題 5　炭素税を引き上げる国 1 の企業と貿易相手国である国 2 の企業との排出削減技術の差が小さく，企業の排出係数が $e_2 < 2e_1$ を満たすとする。貿易相手国の市場規模が相対的に大きい場合に次の結果が導かれる。

1. 輸入炭素関税のみを実施し炭素税を一方的に引き上げると，カーボンリーケージが生じるものの，総排出量は減少する。
2. 輸入炭素関税に加えて輸出炭素税還付を導入すると，カーボンリーケージは防止できるが，炭素税の一方的な上昇による総排出量の削減効果は，輸入炭素関税のみを実施する場合よりも低下する。
3. 輸入炭素関税に加えて輸出炭素税の還付を実施する場合，国境炭素調整措置を実施しないケースと比較して，炭素税の一方的な引き上げによる総排出量の削減効果は小さくなる可能性がある。

上記の結果から政策含意を導こう。EU 企業の炭素集約度（生産量 1 単位あたりの排出量で，モデルの排出係数 e に対応）が競合する域外国企業に比べて十分小さく，かつ，EU 企業が輸出する域外市場の規模が域内市場に比べ十分大きい場合には，Marcu, Mehling, Cosbey and Maratou（2022）の主張は支持される。つまり，CBAM で輸出還付金を導入せず輸入炭素関税のみを実施した場合，EU の炭素価格の上昇は EU 企業の輸出市場でのシェアを低下させ，カーボンリーケージを引き起こす。さらに，EU の排出削減を上回る域外国の排出増加をもたらす可能性さえある。一方，CBAM で輸入炭素関税と輸出還付金を共に導入した場合，カーボンリーケージを防止し，EU は炭素価格の引き上げにより貿易相手国を含めた総排出量の減少を実現できる。よってこの場合には，輸入炭素関税に加え輸出還付金を導入すべきである。

他方で，EU 企業の炭素集約度が競合する域外国企業に比べて小さいが，その差が僅かである場合には，Marcu, Mehling, Cosbey and Maratou（2022）の主張は必ずしも支持されない。域外市場の規模が相対的に大きい場合，輸入炭素関税のみを実施して EU が炭素価格を引き上げると，カーボンリーケージは発生するものの総排出量は減少する。また，輸入炭素関税に加えて輸出還付金を導入すると，カーボンリーケージは防止されるが，EU の炭素価格上昇による総排出量の削減効果は輸入炭素関税のみを実施する場合に比べて低下してしまう。さらに，輸入炭素関税に加えて輸出還付金を同時に導入することは，国境炭素調整措置を導入しない場合と比べても，炭素価格の上昇による総排出量の削減効果を弱めてしまう。こうした結果は，輸出還付金の導入が炭素価格による排出量削減の効果を弱めることを示しており，環境 NGO の懸念するカーボンダンピングが環境へ悪影響を及ぼす可能性を示唆している。

4. おわりに

本稿では，国境炭素調整の制度を EU の CBAM を中心に概観し，現在，CBAM で論争となっている輸出還付金の是非について，国際寡占理論の枠組みを用いて分析を行った。国境炭素調整措置の主要な目的はカーボンリーケージの防止や CO_2 排出量の削減にある。この観点から，炭素価格を採用した国が輸出還付金を導入すべきか否かは，国内外の企業間の排出削減技術（炭素集約度）や市場規模の違いに応じて決まることが明らかとなった。輸出還付金はカーボンダンピングであり，環境政策としてふさわしくないとの意見もあるが，この考えは必ずしも正しくはない。輸出還付金を認めないことで，排出削減技術の優れた（炭素集約度の低い）企業が輸出市場でシェアを失い，炭素集約度が高いにもかかわらずCO_2排出の費用を負っていない企業の市場シェアが拡大するリスクがある。その場合，輸出還付金を認めることで，カーボンリーケージを防止し，炭素価格のCO_2排出量削減効果を高めることができる。ただし，輸出還付金を認めるべきでない場合もある。炭素価格を引き上げる国の企業が貿易相手国の企業よりも炭素集約度の低い生産技術を有するがその差が小さく，貿易相手国の市場規模が相対的に大きい場合には，輸出還付金を認めることで炭素価格のCO_2排出量削減効果が低下してしまう。輸出還付金がカーボンダンピングであるという指摘も無視すべきではない。

最後に，本稿の限界と拡張の可能性を述べる。本稿では各国で生産する企業の数が対称であるケースを考察した。国の企業数が異なる場合も分析する必要がある。また，炭素価格（炭素税率）をモデルの外生変数として変化させたとき，国境炭素調整措置の異なる制度間での総排出量への影響を比較した。国境炭素調整の制度は，政府による炭素価格の決定に影響を及ぼし得る。政府が炭素価格を決定する場合に分析を拡張する必要がある。本稿で用いた寡占市場の部分均衡モデルでは，炭素価格や国境炭素調整措置が産業レベルの排出量に及ぼす影響を分析できるが，経済全体の排出量への影響を検討することはできない。そのためには，複数の産業で構成される一般均衡モデルに拡張する必要がある。また，一般均衡モデルでは，炭素税だけでなく排出枠取引市場の国境炭素調整措置の分析が可能である。さらに，本稿では2国を想定したが，3国から構成されるモデルに拡張することで，複数国が国境炭素調整措置を協調して実施する場合の効果を検討することができる。今後，EU CBAMの行方を注視しつつ，こうした分析の拡張にも取り組みたい。

参考文献

有村俊秀・蓬田守弘・川瀬剛志 編（2012），『地球温暖化対策と国際貿易―排出量取引と国境調整措置をめぐる経済学・法学的分析―』東京大学出版会.

上野訓弘・水野勇史（2019），「欧州連合域内排出量取引制度の解説」IGES Working Paper.

経済産業省（2022），「貿易と環境：炭素国境調整措置の概要と WTO ルール整合性」『2022 年度版　不公正貿易報告書』p. 187–202.

日本貿易振興機構（2022），「EU，炭素国境調整メカニズム（CBAM）設置規則案で政治合意，水素も適用対象に」https://www.jetro.go.jp/biznews/2022/12/c4424a7b18877842.html（2023 年 5 月 31 日閲覧）

柳美樹（2022），「第 9 章　脱炭素と貿易の課題―炭素の国境調整措置を中心に」一般財団法人国際経済交流財団編『ルール志向の国際経済システム構築に向けて　国際経済シリーズ 1』138–150.

蓬田守弘（2013），「通商政策は地球温暖化対策として有効か？―不完全競争産業における国境調整措置とカーボン・リーケージの分析―」『上智経済論集』第 58 巻 29–41.

AEGIS Europe (2021), "CBAM EC Proposal: EU Industries Oppose the Automatic Phase-Out of Free Allowances, and Call for Export Adjustments and Better Enforcement Provisions."

Al Khourdajie, A., and M. Finus (2020), "Measures to Enhance the Effectiveness of International Climate Agreements: The Case of Border Carbon Adjustments." *European Economic Review*, 124, 103–405.

Anouliès, L. (2015), "The Strategic and Effective Dimensions of Border Tax Adjustment." *Journal of Public Economic Theory*, 17 (6), 824–847.

Baksi, S., and A.R. Chaudhuri (2017), "International Trade and Environmental Cooperation among Heterogeneous Countries." In Kayalca, O., Cagatay, S., and Mihci, H. (eds.), *Economics of International Environmental Agreements: A Critical Approach*, Routledge, 97–115.

Böringera, C., E.J. Balistreri, and T.F. Rutherford (2012), "The Role of Border Carbon Adjustment in Unilateral Climate Policy: Overview of an Energy Modeling Forum Study (EMF 29)" *Energy Economics*, 34, Supplement 2, S97–S110.

Böehringer, C., K.E. Rosendahl, and H.B. Storrøsten (2017), "Robust Policies to Mitigate Carbon Leakage," *Journal of Public Economics*, 149, 35–46.

Brander, J.A., and P.R. Krugman (1983), "A Reciprocal Dumping Model of International Trade." *Journal of International Economics*, 15, 313–323.

Branger, F., and P. Quirion (2014), "Would Border Carbon Adjustments Prevent Carbon Leakage and Heavy Industry Competitiveness Losses? Insights from A Meta-Analysis of Recent Economic Studies", *Ecological Economics*, 99, 29–39.

Cheng, H., and J. Ishikawa (2021), "Carbon Tax and Border Tax Adjustments with Technology and Location Choices," RIETI Discussion Paper series 21-E-030.

Copeland, B.R. (1996), "Pollution Content Tariffs, Environmental Rent Shifting, and the Control of Cross-Border Pollution." *Journal of International Economics*, 40, 459–476.

Cole, M.A., R.J.R. Elliott, and L. Zhang (2017), "Foreign Direct Investment and the Environment," *Annual Review of Environment and Resources*, 42, 465–487.

Eichner, T., and R. Pethig (2015), "Unilateral Consumption-Based Carbon Taxes and Negative Leakage," *Resource and Energy Economics*, 40, 127–142.

Elliott, J.W., I.T. Foster, S.S. Kortum, T.S. Munson, F.P. Cervantes, and D.A. Weisbach (2010), "Trade and Carbon Taxes," *American Economic Review: Papers & Proceedings*, 100, 465–469.

Eyland, T., and G. Zaccour (2014), "Carbon Tariffs and Cooperative Outcomes." *Energy Policy*, 65, 718–728.

European Commission (2021), Proposal for Regulation of the European Parliament and of the Council Establishing a Carbon Border Adjustment Mechanism.

Fischer, C., and A.K. Fox (2012), "Comparing Policies to Combat Emissions Leakage: Border Carbon Adjustments versus Rebates." *Journal of Environmental Economics and Management*, 64, 199–216.

Helm, D., C. Hepburn, and G. Ruta (2012), "Trade, Climate Change, and the Political Game Theory of Border Carbon Adjustments," *Oxford Review of Economic Policy*, 28 (2), 368–394.

Hufbauer, G.C., S. Charnovitz, and J. Kim (2009), *Global Warming and the World Trading System*, Peterson Institute for International Economics, Washington, DC.

Hufbauer, G.C., J. Kim, and J.J. Schott (2021), "Can EU Carbon Border Adjustment Measures Propel WTO Climate Talks?" Policy Brief, Peterson Institute of International Economics, Washington, DC.

Hong, S.W., S.G. Sim, A. Obashi, and Y. Tsuruta (2022), "Global Warming and Border Carbon Adjustments," *Asian Journal of Law and Economics*, 13(2), 195–208.

Horn, H., and P.C. Mavroidis (2010), "Climate Change and the WTO: Legal Issues Concerning Border Tax Adjustments", *Japanese Yearbook of International Law* 53.

Ishikawa, J., and T. Okubo (2017), "Greenhouse-Gas Emission Controls and Firm Locations in North–South Trade," *Environmental and Resource Economics*, 67(4), 637–660.

Jakob, M., R. Marschinsk, and M. Hübler (2013), "Between a Rock and a Hard Place: A Trade-Theory Analysis of Leakage under Production and Consumption-Based Policies," *Environmental Resource Economics*, 56, 47–72.

Keen, M., and C. Kotsogiannis (2014), "Coordinating Climate and Trade Policies: Pareto Efficiency and the Role of Border Tax Adjustments," *Journal of International Economics*, 94, 119–128.

Larch, M., and J. Wanner (2017), "Carbon Tariffs: An Analysis of the Trade, Welfare, and Emission Effects," *Journal of International Economics*, 109, 195–213.

Marcu, A., M. Mehling, A. Cosbey, and A. Maratou (2022), "Border Carbon Adjustment in the EU: Treatment of Exports in the CBAM," ERSCT.

Mattoo, A., A. Subramanian, D. van der Mensbrugghe, and J. He (2013), "Trade Effects of Alternative Carbon Border-Tax Schemes," *Review of World Economics*, 149, 587–609.

McKibben, W.J., and P. Wilcoxen (2009), "The Economic and Environmental Effects of Border Tax Adjustments for Climate Policy," In Brainerd, L., and Sorkin, I. (eds.), *Climate Change, Trade and Competitiveness*, Brookings Institution, Washington, DC. 1–34.

Ruggiero, Agnese (2022), "How to Make the EU's Carbon Border Tax Effective and Fair." Carbon Market Watch, https://carbonmarketwatch.org/2022/01/20/how-to-make-the-eus-carbon-border-tax-effective-and-fair/.（2023 年 5 月 31 日閲覧）

Sanctuary, M. (2018), "Border Carbon Adjustments and Unilateral Incentives to Regulate the Climate," *Review of International Economics*, 26 (4), 826–851.

Sugeta, H., and S. Matsumoto (2005), "Green Tax Reform in an Oligopolistic Industry," *Environmental and Resource Economics*, 31, 253–274.

Takeda, S., T. Horie, and T.H. Arimura (2012), "A Computable General Equilibrium Analysis of Border Adjustments under the Cap-and-Trade System: A Case Study of the Japanese Economy," *Climate Change Economics*, 3 (1), 1250003.

Takeda, S., and T.H. Arimura (2023), "A Computable General Equilibrium Analysis of EU CBAM for the Japanese Economy," RIETI Discussion Paper Series 23-E-006.

Yan, M., and M. Yomogida (2021), "Border Carbon Adjustments and Foreign Direct Investment with Technology Transfer,"unpublished manuscript.

Yomogida, M., and N. Tarui (2013), "Emission Taxes and Border Tax Adjustments for Oligopolistic Industries," *Pacific Economic Review*, 18 (5), 644–673.

World Trade Organization (WTO) (2009), *Trade and Climate Change*: *A Report by the United Nations Environment Program and the World Trade Organization*. World Trade Organization: Geneva.

World Bank (2021), *State and Trends of Carbon Pricing 2021*. World Bank, Washington, DC.

Summary

Border Carbon Adjustments: An Overview of Institutions and Theoretical Analysis

Morihiro Yomogida (Faculty of Economics, Sophia University)

I overview institutions of border carbon adjustments (BCAs) and analyze the effects of BCAs theoretically. EU plans to implement Carbon Border Adjustment Mechanism (CBAM), which will be applied to imports only. There is the debate that the CBAM should contain export rebates. I use a model of international oligopoly to examine whether BCAs should contain export rebates as well as carbon tariffs for preventing carbon leakage and reducing global emissions. My results suggest that export rebates should be included in the CBAM if the carbon intensities of firms and the market sizes significantly differ between EU and its trading partners.

◇コメント◇

慶應義塾大学経済学部　小橋　文子

2022年12月，欧州委員会と，欧州議会，欧州連合（EU）理事会は，EU炭素国境調整メカニズム（CBAM）を実施することについて暫定的な政治合意に達した。本格的な実施は2026年1月の予定だが，それまでの移行期間として，2023年10月から，CBAM対象製品を輸入する事業者に対する報告義務が適用される見込みである。三者協議で暫定合意に至ったCBAM設置規則案では，CBAM対象製品の輸入に対する課徴金として輸入業者のCBAM証書納付義務が提案されており，輸出側の国境炭素調整については言及されていない。しかしながら，これまで産業界を中心に，輸入課徴金だけでなく輸出還付も同時に導入すべきとの主張が活発になされてきた。いよいよ現実化が迫る国境炭素調整をめぐるこうした主張（とくに，Marcu et al., 2022）を踏まえ，蓬田論文は，輸入課徴金だけでなく輸出還付も国境炭素調整の制度に含めるべきかを，国際貿易論の寡占モデル（Yomogida and Tarui, 2013）を用いて理論的に検討している。

蓬田論文では，国境炭素調整を実施しないケースをベンチマークとして，輸入課徴金のみを単独で実施するケースと，輸入課徴金と輸出還付を同時に実施するケースを比較し，カーボンリーケージによる世界全体の総排出量の増加が抑制されるのか，あるいは，総排出量が減少に転じるのか，を分析している。その結果，貿易相手国との排出削減技術（炭素集約度）の差が大きい場合は，国境炭素調整を導入しないと総排出量は増加してしまうことが示された。さらに，輸入課徴金だけでなく輸出還付も併せて導入することで，総排出量の増加は抑制される。とくに，相手国の市場規模が相対的に十分大きい場合は，輸入課徴金は総排出量の増加を招くが，輸出還付を同時に実施することで総排出量は減少に転じることが明らかにされた。これらの分析結果は，国境炭素調整の制度に輸出還付も含めるべきか否かは炭素集約度や市場規模の国家間差異の程度に応じて決まることを示唆しており，国境炭素調整の制度設計をめぐる議論に有用な視点を与えるものである。

今回暫定合意に至ったCBAM設置規則案では，CBAM対象製品の範囲が拡大された。欧州委員会の当初案では，エネルギー集約的で貿易により国際競争にさらされ，カーボンリーケージの問題がとくに深刻であるとされる鉄鋼，アルミ，セメント，肥料，電力が対象とされていたが，これらに水素が加えられたのである。本格実施までの移行期間には，対象範囲をさらに拡大する方向で検討が進められていくことが予想される。どのような条件を満たす産業において国境炭素調整がカーボンリーケージを防ぎ世界全体の総排出量の増加を抑制するのかについての視点を与える蓬田論文の分析結果は，今後のCBAM対象範囲をめぐる動向を注視するうえでも有用であろう。

以下では，国境炭素調整の制度設計のあり方を俯瞰的に捉え，蓬田論文の意義と今後の関連研究の発展可能性について検討したい。まず，国境炭素調整を導入する主な根拠として，自国企業と外国企業が直面する炭素価格負担を平準化することでカーボンリーケージを防止し，そして，世界全体の総排出量の増加を抑制することが挙げられる。蓬田論文の分析も，こうした国境炭素調整の根拠を念頭に組み立てられている。しかし，国家間の競争条件の不均衡の是正とカーボンリーケージの防止に取り組むための政策手段は，国境炭素調整だけに限らない。たとえば，過去の排出量に応じて排出枠を無償配分する方式などで，規制対象企業の炭素価格負担を緩和する方法がある。実際，EUでは2005年に導入された排出枠取引制度のもとで排出枠の無償配分がなされてきたが，この無償割当を段階的に廃止し（これも2022年に暫定合意），その代替手段としてCBAMが導入される計画である。つまり，CBAMは排出枠取引制度のもとで無償割当の代替手段として導入される国境炭素調整であるが，蓬田論文では炭素税の国境炭素調整を分析している。蓬田論文の末尾では，複数の産業で構成される一般均衡モデルに拡張することで炭素税だけでなく排出枠取引市場での国境炭素調整の分析も可能となる点が指摘されている。カーボンリーケージを防止するためにはどのような条件下でどのような政策手段を（組み合わせて）採用すべきかを検討するうえでも，一般均衡モデルへの拡張が望まれるだろう。

第二に，排出枠の無償割当の代替手段として国境炭素調整の導入が検討されてきた背景には，無償割当では企業の自発的な排出削減努力を促せないという最大の弱点がある。換言すれば，無償割当とは対照的に，国境炭素調整の導入によって排出削減努力に消極的な企業に誘因を与えることが期待される。蓬田論文では各国企業の炭素集約度を固定的なものとして扱っているが，これを内生化し，国境炭素調整によって排出削減技術の開発が促される可能性を明示的に考慮することは，政策上の示唆を導くうえで重要なモデルの拡張となるだろう。

第三に，第二の点とも関連するが，国境炭素調整の導入によって，法的拘束力のある排出削減目標の約束や多国間枠組みへの参加に消極的な国に対して誘因を与えることも期待される。今回，EU が CBAM を導入することで，初めて国境炭素調整が現実化するが，この EU の先駆的な動きにより，他国はどのような政策上の反応をするのだろうか。追随して同様の国境炭素調整を導入する動きを促進するのか，あるいは，国境炭素調整を「偽装された保護主義」だとして他国の自国優先的な対抗措置を招いてしまうのか，はたまた，他国の地球温暖化対策には何ら影響を与えないのか[1)]，議論は絶えない。地球温暖化問題に対して，国際的に統一された基準で各国の排出削減義務を決めるような多国間合意は現実的に困難である。いわゆる「Race to the bottom」を回避して，国際社会全体の環境規制の水準を高めていくために，主導国が厳しい環境規制を導入し，その厳しい規制水準を貿易相手国，第三国へと普及させていく「Regulatory diffusion」は一つの打開策となり得るかもしれない。こうした観点から，ある主導国による国境炭素調整の導入が他国の追随行動を促すのか，ひいては，総排出量の増加を抑制することにつな

---

1) たとえば，CSIS（戦略国際問題研究所）の論考などで言及されている。https://www.csis.org/analysis/analyzing-european-unions-carbon-border-adjustment-mechanism（2023 年 3 月 31 日閲覧）

がるのかを理論的に検討することは，多国間協調への道筋を考えるうえでの一つの立脚点となるだろう。

最後に，地球温暖化対策を理由とした国境措置の扱いを明確に規律する多国間合意がない現状では，WTO ルールと整合的な国境炭素調整の制度設計が求められる。今回暫定合意に至った CBAM 設置規則案で輸出還付が言及されなかったのも，WTO ルールと整合的でないという批判を回避する意図が否めないだろう。WTO ルールとの整合性については多岐にわたる論点がある[2)]が，無差別原則が遵守され，国内産業を保護するための「偽装された」貿易制限の手段として国境炭素調整の制度が恣意的に濫用されていないことが大前提となる。反発する貿易相手国の理解を得るには，世界全体の総排出量の削減のために国境炭素調整を導入するという大義を制度設計に反映させることがシグナリングとして有効に機能するのではないだろうか。四半世紀にわたり根強く残る「共通だが差異ある責任（CBDR）」原則へ十分配慮し，国境炭素調整の制度から得られた収入（たとえば，CBAM の証書代金収入）を後進国への排出削減技術支援に充てる仕組みを構築するなど，国内産業を保護するための差別的手段ではないことを明確にアピールするような制度設計が考えられる。CBAM の本格実施に向けて制度全体がどのように形作られて，国際社会に受け入れられていくのか，目が離せない。

参考文献

Marcu, A., M. Mehling, A. Cosbey and A. Maratou (2022), Border Carbon Adjustment in the EU: Treatment of Exports in the CBAM, ERSCT (European Roundtable on Climate Change and Sustainable Transition). https://ercst.org/wp-content/uploads/2022/03/20220318-Exports-Report-CBAM-1.pdf（2023 年 3 月 31 日閲覧）

Yomogida, M. and N. Tarui (2013), Emission Taxes and Border Tax Adjustments for Oligopolistic Industries, *Pacific Economic Review* 18 (5): 644–673.

---

2) たとえば，2022 年版不公正貿易白書の p. 187–202 で論点が丁寧に整理されている。https://www.meti.go.jp/shingikai/sankoshin/tsusho_boeki/fukosei_boeki/report_2022/pdf/2022_02_00.pdf（2023 年 3 月 31 日閲覧）

共通論題

新興国ブラジルの農業・食料分野にみられるリスクとその対応

立命館大学　佐野　聖香*

要旨

21世紀の国際社会において気候変動問題は大きな課題の1つとしての認識が広まっている。特にブラジルのGHG（greenhouse gas：温室効果ガス）排出量の源は，土地の利用転換（森林の農地・牧草地への転換）が半分近くを占めており，これに農業部門を合わせると全体の8割弱にあたる。そこで本稿では，ブラジルが気候変動問題や森林破壊問題に対してどのようにアプローチをし，また各国とどのような関係性を築いてきたのかを考察する。

キーワード：ブラジル，アマゾン，森林破壊，連帯経済，ボランタリー市場

はじめに

1992年にリオデジャネイロで開催された国連開発会議（リオサミット）は，持続可能な開発（開発と環境の両立）への転換の契機となり，それ以降開発と環境の関係性に関する研究蓄積がされてきた（Panayotou 1993, Stern 2004, Grie-Gran, Porras and Wunder 2005）。また，国際社会でも気候変動問題は大きな課題の1つとしての認識が広まってきたが，2020年までの枠組みを定めていた京都議定書やCOP15（国際気候変動枠組み条約第15回締約国会議：2009年）を始めとした国際会議では，先進国と発展途上国の間では

* E-mail: sst25007@fc.ritsumei.ac.jp

気候変動問題をめぐり大きく対立をしてきた。その1つの争点が「共通だが差異ある責任」（Common but differentiated responsibility：CBDR）をどのように取り扱うかである。発展途上国の「開発の権利」を認めながらも，その一方で「共通だが差異ある責任」の原則として，気候変動問題は先進国と発展途上国の共通の責任の下取り組んでいくべきだと主張する先進国と，気候変動問題の多くはこれまで先進国が自然環境への負荷を高めながら経済発展を遂げてきたことに端を発しており，発展途上国が経済発展を優先していくことや自然資源を開発の資源として利用することに対し規制をすることは不合理・不公平であるという主張である。

2016年に開催されたCOP21でも，この「共通だが差異ある責任」が最大の争点となった。だが，パリ協定では先進国と発展途上国という二分ではなく，排出削減や行動の透明性においてもそれぞれの国の事情が異なることを認めた。その上で，すべての国が削減に向けての行動をとるとしながらも，その実施においても発展途上国の柔軟性を持たせていくとした。また，先進国が発展途上国に対し資金援助の義務をこれまでと同じように負う一方で，発展途上国でも自主的な資金提供を奨励するといったことで公平性を担保したのである。したがって今日の国際社会では，開発と環境の両立を図り，持続可能な開発を進めていくことは世界全体の課題であるという共通認識の下，発展途上国や新興国はそれぞれの経済的・社会的状態を勘案しつつ開発に際して必要な環境配慮を行っていくことが重要となってくる。実際，2000年代以降は中国を始めとした新興国の経済成長は目覚ましく，GHG（greenhouse gas：温室効果ガス）排出量（2019年）でも中国が世界第1位，インドが世界第3位，インドネシアが世界第4位と上位を占めており，新興諸国の国々はGHG排出量の削減と経済成長との両立が求められている。

特に，そうした中でも注目されているのがブラジルである。ブラジルは世界の森林被覆量の約12%，残存する世界の主要熱帯林の3分の1を占める（Juan et al. 2021）。「地球の肺」と呼ばれるアマゾンの熱帯雨林の約60%をブラジルは占める。2021年に実施されたCOP26ではNDC（Nationally Determined

Contribution：国が掲げた責任）で掲げた2050年までにカーボンニュートラルの実現と2028年までに森林の違法伐採の撲滅を表明するなど，GHG排出削減に向けて積極的な姿勢を示している。ブラジルは，他の新興諸国と同様に，GHG排出量も世界第6位と高いが，他の新興諸国と異なり，過去20年間の間にGHG排出量は減少傾向にある。CAITのデータによると，2001年から2019年にかけてのGHG排出量の平均増加率は，世界で1.8%であり，中国（5.7%），インド（3.8%）やインドネシア（3.7%）といった新興国は軒並み増加傾向にある。一方，ブラジルは–1.5%であり，これはEU27（–1.2%），ドイツ（–1.6%），フランス（–1.3%）などと同じで，アメリカ（–0.5%）の減少率よりも大きい。

また，GHG排出量の排出源においても，先進国や中国ではエネルギー源が排出源としても最も高くなっているが，ブラジルでは土地の利用転換（森林の農地・牧草地への転換）が全体の半分近くを占めており，さらにこれに農業部門を合わせると全体の8割弱にあたる。これは，同国が再生可能エネルギー大国でもあり，サトウキビ由来のバイオエタノールを燃料とした自動車の普及や豊富な水力資源による発電等を行っていることで，エネルギー部門でのGHG排出量が他国に比べ相対的に少ないことが影響している。それと同時に，同国の場合は森林減少・森林劣化がGHG排出量の大きな要因となっていること，またそれにも関連する農業生産の拡大が大きくかかわっていることを意味している。ブラジルは大豆，とうもろこし，牛肉，鶏肉など様々な農産物の主要輸出国として世界の農業生産を牽引しており，農業・食料分野での良好なパフォーマンスが世界からも期待されている。

だが，農業・食料生産は気候変動の影響を最も受けやすい分野でもあり，その一方でそうした商業的農業生産の拡大が，アマゾンの森林破壊を始めとした環境問題を悪化させる危険性もある。つまり，開発が環境破壊の要因になりながらも，環境破壊が開発を制約するという2つの関係性が同時に存在しているのである。したがって，同国がどのように持続的な開発を行っていくのか，それに対し各国とどのような国際協調体制を敷いていくのを考えなければならない。そこで本稿では，ブラジルが気候変動問題や森林破壊問題に対してどのようにアプローチをし，また各国とどのような関係性を築いてきたのかを考察する。

まず第1節ではブラジルの状況を概観する。その上で，第2節では政権ごとの気候変動に対しどのような取り組みがあったかを確認し，第3節と第4節では森林破壊につながっている家畜生産と土地制度の問題について取り扱う。その上で，最後にこれからの森林保全対策につながる可能性のあるボランタリークレジット市場について検討する。

1. ブラジルの現状

ブラジルは2000年代前半に右肩上がりの成長をし，農業関連のGDPが占める割合はほぼ20%から30%を占めている（図表1）。さらに，ブラジルの総輸出額に占める農産物の輸出割合3割前後となっている（図表2）。主要

図表1　名目GDPの推移と農業関連がGDPに占める割合

（単位：10億ドル／%）

出所：IMFとCepea/CNA

図表2　ブラジルの総輸出額に占める農産物輸出額

（単位：億ドル／%）

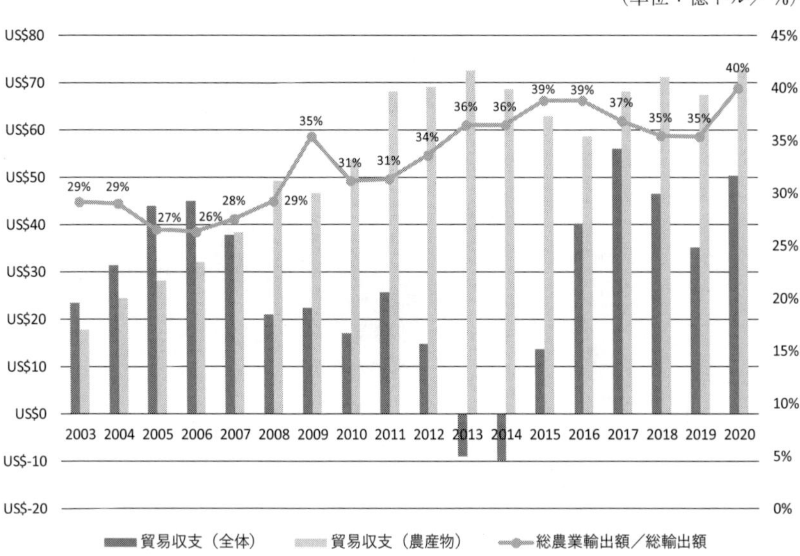

出所：COMEX-STAT

輸出品目としては大豆，サトウキビ，牛肉，鶏肉，とうもろこし等があげられる（図表3）。主要輸出品目の大豆は，2020年において世界第1位の生産量・輸出量をほこり，世界市場シェアもそれぞれ32.6%，47.8%である（FAO STAT）。大豆以外の農産物においても非常に高い市場シェアをほこっており，ブラジルは名実ともに世界の食料供給国である。また輸出先としては中国が最も高い。付加価値貿易統計（図表4）においても，中国のシェアが2009年より第1位となっており，経済成長の源泉の1つである農業生産・輸出は，中国の需要に後押しされている。

ではそうしたブラジルにおいて，気候変動のリスクがどのようにあらわれているのであろうか。図表5は地域別の自然災害の発生割合を示している。ブラジルでは，洪水，土砂崩れ，干ばつは日常茶飯事である。公式に記録された災害の総数のうち，半分以上は干ばつによるもので，主に北東部と南部

図表３　農産物輸出品目と輸出相手国（2020 年）

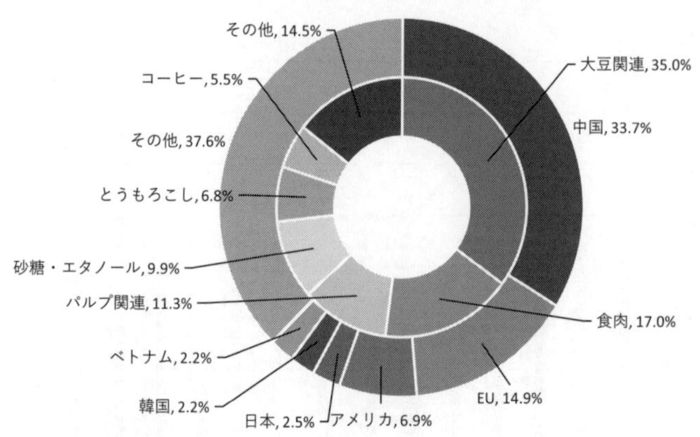

出所：CNA（2021）

図表４　農牧漁部門の総輸出の国内付加価値額におけるシェア

（単位：%）

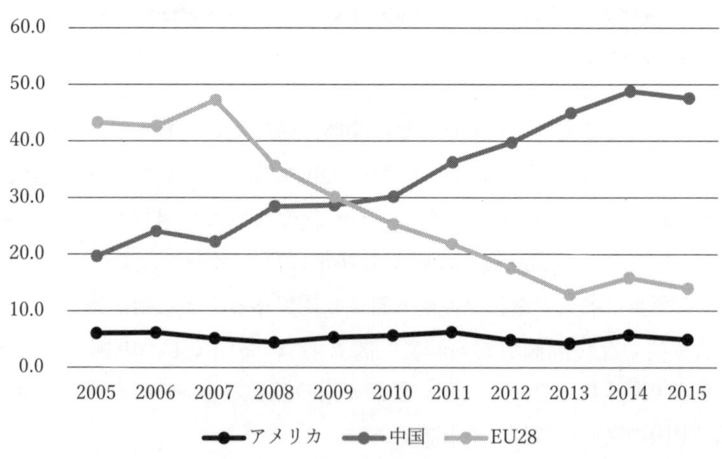

出所：TiVA

で起こっている。CEPED-UFSC によると，干ばつに関連した死者は 10% のみであるが，影響を受けた人口は 50% 以上であるとする。鉄砲水は，南部，

図表5　ブラジルでの気候変動・自然災害リスク

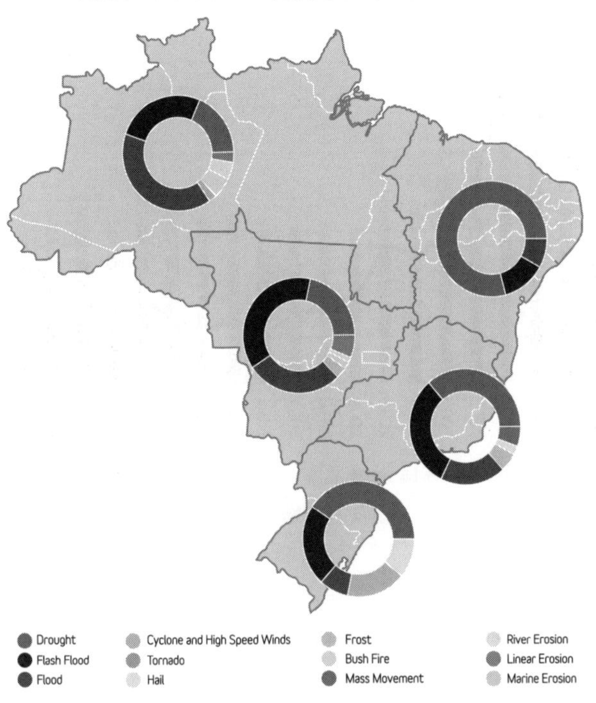

出所：World Bank (2014), p. 13, Figure 2-2

南東部，北東部でも頻発している。洪水による死者数は，全体の43%に相当し，130万人以上が洪水によって家屋を失い移動を余儀なくされたといわれている。豪雨に関連して公式に記録された地滑り数は1990年代から20倍以上も増加している（World Bank 2014)。特に，干ばつによる被害は大きく，2012年に起きた干ばつでは北東部の1717自治体（北東部の96%）が非常事態に陥り，農村部でも食料不安を招いた（Margengo et al. 2021)。また，2022年の第1四半期の農業GDPは前年比よりも8%減少しており，これは南部で発生した干ばつによるもので，南部のリオグランデドスル州では大豆作付面積の56%が被害にあった（MONGABY 2022)。

図表6　ブラジルにおける部門別 GHG 排出源と法定アマゾンにおける森林喪失面積

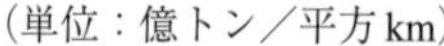
（単位：億トン／平方 km）

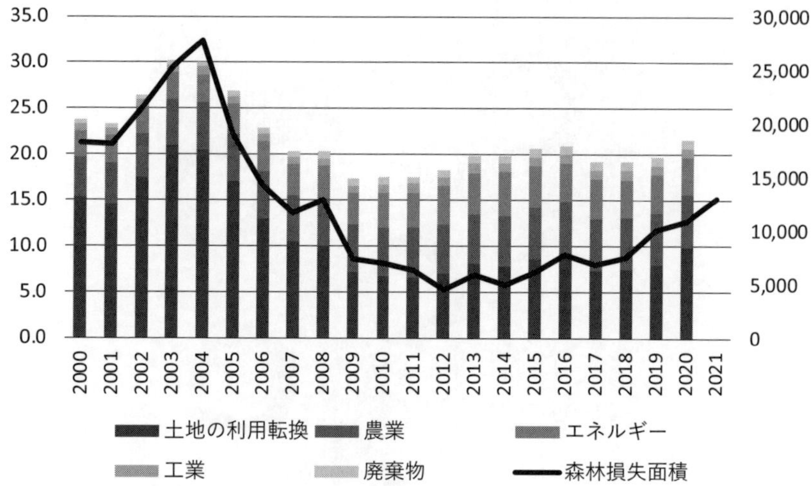

出所：SEEG (2021), INPE-PRODES

干ばつはアマゾンの二酸化炭素吸収能力の低下にもつながるとされる。Lewis らの研究によると，2010 年の干ばつによってアマゾンの森林が吸収する炭素量は最大で 22 億トンも減少している（Lewis et al. 2011）。干ばつの多くはエルニーニョや大西洋の水温上昇といった気候変動に起因するが，GHG の排出量も大きくかかわっている。

図表 6 によると，ブラジルの GHG 排出量は 2003 年の 30 億トンをピークに 2009 年には 17 億トンと半分近くまで減少したものの，その後また拡大傾向にあり，2020 年には 20 億トンまで上昇している。GHG 排出量の多くを占めるのが土地の利用転換であり，2008 年頃までは全排出量の半分以上，その後も 3 割から 4 割程度を占め，2020 年には 46.2% まで拡大している。これに農業分野における排出量をいれると 7 割から 8 割を占める。

土地の利用転換の増加と森林損失面積は 0.97 とかなり強く相関しており，森林を伐採し，二酸化炭素の吸収源を少なくするのみならず，牧草地に転換することで新たな排出源を創出しているのである。これまでアマゾンの森林のCO2吸収量はGHG排出量を上回っているとされてきたが，Gatti et al.（2021）やHarris et al.（2021）の研究によると，ブラジルのアマゾンは過去20年間で二酸化炭素の吸収源から新たな排出源に変化している（Finer and Mamani 2021）。ブラジルの法定アマゾン[1)]では，2004年に27,772km^{2}の森林伐採をピークに徐々に森林損失面積は低下しており，2012年は4,571km^{2}と84%も削減した（図表6）。その後もルーラやルセフなどの左派政権下では6,000km^{2}から7,000km^{2}であったものの，ボルソナロ政権誕生以後は10,000km^{2}を超えるなど森林損失面積は拡大している[2)]。SEEGによると，2020年の土地の利用転換の78.4%がアマゾン地域である（SEEG 2021: 29）。Moutinho et al.（2022）では，過去2年間において発生した森林破壊の半分は公有地で発生しており，これらは明らかに違法伐採であると警鐘をならしている。また，Barreto（2021）によると，2019年までのアマゾン地域の森林伐採の約90%は牧草地へと転換している。特に，ブラジルでは，土地の開墾や効率的な農作業を行うために，慣行的に焼畑（Quimadas）が実施されている。INPE（国立宇宙研究所）の調査によると，2010年から2021年の間に法定アマゾン全体で合計150万件のホットスポットが検出された。この合計のうち，47万件（31%）

---

1) 法定アマゾンとは北部（アクレ州，アマパ州，アマゾナス州，パラ州，ロンドニア州，ロライマ州，トカンチス州），中西部のマットグロッソ州，北東部のマラニョン州の大部分を包含する地域のことで，1953年の法令1806号にて制定された。なお，アマゾンといった場合は，生態学的なアマゾン領域（Amazonia Bioma）を指すことも多く，これはセラードやパンタナールと区分されて使われている。また，その際はセラード地域にあたるトカンチス州，マットグロッソ州，マラニョン州の一部，パンタナール地域にあたるマットグロッソ州は含まれない（Santos et al. 2021）。本論文では，できるかぎりこの2つのアマゾンを使いわけ，アマゾン地域と呼称する際は生態学的なアマゾン領域で使用する。

2) 森林伐採では，商業伐採としてある一定の大きさ以上の木を選択的に抜き取る選択伐採（択伐）が行われるが，このやり方によっては森林劣化につながるとされる。Asnerの研究によると，択伐後1年以内に択伐林の16%が消失しており，その後も4年間で年間あたり5.4%が消失する可能性がある（Asner 2006）。

のホットスポットが森林地域で発生し，67万件（45%）が森林伐採地域，36万件（24%）が非森林地域で発生している（Santos et al. 2022)。すなわちブラジルのGHG排出量は，アマゾン地域の森林破壊によって起こっており，またそのアマゾン地域の森林破壊の多くは違法伐採の可能性が高く，その方法は焼畑の実施によって牧草地への転換を図っているのである。

2. 各政権と気候変動に関連する施策

ブラジルでは，1998年の環境犯罪法の制定，2000年の森林法の改正から気候変動対策・環境政策をより進めてきた（図表7)。2000年の森林法の改正では法定アマゾン地域などの森林保全比率を引き上げ，法定アマゾン地域における森林保全比率を80%，法定アマゾンのセラード（サバンナ）は35%，法定アマゾンのその他の植生および法定アマゾン地域以外は20%とした。

左派のルーラ政権では，2004年にPPCDAM（法定アマゾンの森林減少の防止・管理のための行動画）を開始し，同時に衛星を使った違法行為をほぼリアルタイムで把握できる衛星モニタリングシステム（DETER）の導入を行い，環境犯罪の取り締まりを強化した[3]。2006年には，ブラジルの森林の

---

[3] DETERは，人工衛星を用いたリアルタイムの森林監視システムであり，森林破壊・森林劣化などの調査や違法伐採の取り締まりを行っているIBAMA（国立環境・再生可能資源院）を始めとした様々な機関で利用されている。DETERでは，①森林破壊（露出した土壌を伴う森林伐採，植生や鉱業を伴う森林伐採)，②森林劣化や森林火災の痕跡，③無秩序的な択伐，選択的（幾何学的）な伐採を，色，トーン，テクスチャー，形状，およびコンテキストによって視覚的に解釈できる情報を提供している。

また，MAA（環境省）などが森林伐採の正式データとして採用しているのがINPEのPRODESシステムである。PRODESも人工衛星を用いた監視システムである。DETERデータで使用される画像等は，雲量による制限等のため，年次データとして利用するのは困難であり，その点を補足しているのがPRODESである。現在は，アメリカ，イギリス，中国，インドなど様々な国の衛星情報も得ながら，森林監視システムが運用されている。

こうしたINPEの衛星技術は，農業分野にも大きな影響を与えている。例えば，INPEとENBRAPA（ブラジル農牧研究公社）によって1991年から2年ごとに実施されているTerra Classである。これは法定アマゾン地域やセラード地域の土地利用状況↗

図表7：各政権における主な気候変動対策

	政権	ブラジル国内での主要な取り組み	世界の動き
1988		INPEがPRODESの運用開始	
1992		リオサミット	リオサミット
1995	カルドーゾ	法定アマゾン国家総合計画	
1998		環境犯罪法の制定	
2000		森林法の改正	MDGs
2001			
2002			
2003	ルーラ		
2004		PPCDAM（法定アマゾンの森林減少の防止・管理のための行動計画）を開始 INPEによるDETER（リアルタイム森林監視システム）の稼働およびオープンデータアクセスの導入 PROAGRO MAISの実施	
2005			COP11　REDDの提案
2006		PSRの導入 公有林管理法制定 大豆モラトリアムの締結	
2007		アマゾナス州で気候変動法の施行	COP13　REDD＋の提案 国際基金の設立の提案（伯）
2008		アマゾナス州でREDD＋（森林給付金）の取り組み開始	レーシー法改定（アメリカ）
2009		PNMC（国家気候変動計画）の施行 INPEによるDEGRAD（森林劣化マッピングシステム）の導入	COP15
2010		Plano ABCの実施 アクレ州でもREDD＋の実施	木材法制定（EU）

↗ や土地被覆量をモニタリングする中で，どのような公共政策の支援が生物多様性の保全，持続可能な土地利用，土壌保全，水質の安全性の確保，生態系のゾーニングや劣化した地域の回復などに有効なのかを検証する際にも使用されている。

図表7：各政権における主な気候変動対策（続き）

	政権	ブラジル国内での主要な取り組み	世界の動き
2011	ルセフ		
2012		新森林法制定 CAR（農地環境登録制度）の義務化	
2013			COP19 REDD＋基本的枠組み
2014			
2015		国家REDD＋委員会の設置	SDGs
2016		DETER新システム導入（アメリカ・中国・インド・イギリス）	パリ協定
2017	テメル		
2018			
2019	ボルソナロ		レティシア協定（南米7カ国）
2020			
2021		Plano ABC＋の実施 CPR-Verde	COP16
2022			

出所：筆者作成

約80%を占める公有林に対する公有林管理法を制定した。SNUC（国家保全ユニット）として，国立公園や生態系・生物保護などの完全保護区と，自然資源の持続的利用を認める持続的保全区を定めた。これにより，一切の開発を禁止する区域と，木材や採取など自然資源の持続的な利用を前提にした一部地域の開発を進める地域とが区分された。

さらに，アマゾン地域の州レベルで気候変動・森林保全に関する法律を施行し，国ベースでは2009年のPNMC（国家気候変動計画）によって森林減少・森林劣化やGHG排出削減が位置付けられ，2010年にPNMCに基づいた低炭素型農業推進の施策（Plano ABC）が実施された[4)]。それ以外にも，2009

[4)] PNMCでは，①PPCDAM（法定アマゾンにおける森林破壊の防止とその管理のため ↗

年には森林劣化などがより精密な画像で調査することできるDEGRAD（法定アマゾン森林劣化マッピングシステム）をINPEが開発，2006年にはアマゾン熱帯林を切り開いて栽培された大豆を買わない協定（大豆モラトリアム）[5]が締結するなど，民間ベースでの動きも誕生した。また，農業・食料分野では気候変動リスクを回避する方法として保険制度の拡充（PROAGRO MAISやPSR）が図られていった[6]。こうした政策が奏効して，法定アマゾン

↗ の行動計画），②PPCerrado（セラードにおける森林破・火災の防止とその管理のための行動計画），③ABC計画（農業分野における低炭素技術の拡大），④PDE（10年間のエネルギー計画），⑤製鉄排出削減計画など分野別に2010年から2020年までの目標値が設定され，それに向けての計画が実施された。法定アマゾンの森林伐採率以外はほぼ目標値を達成し，GHG排出量の削減につながっている。

5) 2006年よりABIOVE（ブラジル植物油加工協会）およびブラジル穀物輸出協会（ANEC）が事務局となって，2008年以降にアマゾン地域の森林を切り開いた土地で生産される大豆の取引および貿易を行わないとする大豆モラトリアムを実施している。この取り組みの目的は，アマゾン地域で生産される大豆が森林面積の減少に大きく影響していないことを証明するとともに，2008年以降に開拓された地域を森林へと復元することであり，アマゾン地域での大豆生産の拡大を阻害することなく，環境保全と農業を両立させようとするものである（山口・石井2020: 81）。このモラトリアムにおいても，INPEによる衛星技術およびPRODESが利用されている。最新の2019/2020年のモラトリアムレポートによると，2008年から2019年の間にアマゾン地域でモラトリアム地域として監視されている市町村のうち，大豆モラトリアム非遵守地域の大豆生産面積は5%以下であり，大豆生産がアマゾン地域の森林破壊の主因ではない。またCargillは，2018/19にかけて同社が購入した大豆の95%以上が大豆モラトリアムの要件を満たしたのものであると報告している（Cargill 2020）。大豆生産とアマゾンの環境問題についてはFearnsida（2001），Piatto and Inakake de Souza（2016），Gollnow et al.（2018）も参照。

6) ブラジルでは1973年よりPROAGROと呼ばれる農業畜産活動保証プログラムが実施されている。同プログラムは保険の形態をとった農業融資の返済を保証するプログラムである。PROAGROでは，小・中規模農家を対象で，少額の掛け金で，自然災害によって不作になった場合，PROAGROを通じて資金調達（融資額）を返済することができる。2004年からはPROAGRO MAISとして，小規模家族農業に対しては，自然災害によって起こった損失を融資額のみならずプラスアルファで所得補償する制度も展開されている。

さらに，2006年からはPSRと呼ばれる農業保険掛け金補助プログラムが実施されている。PSRは，農業生産者に対し保険の掛け金のコストを縮小し，民間の農業保険へ↗

での森林破壊面積は2000年代半ば以降に大幅に減少していった。

その後ルーラの後継であったルセフ政権では，2012年に新森林法として制定し，CAR（農地環境登録制度）への登録を義務化した。CARは，国レベルの電子登録システムで，農村地域の私有地や占有地における土地利用を管理し，自然資源の持続的利用と保全を目的にしている（林野庁2019: 204)。さらに，2016年にはINPEのDETERに対し新システム（被覆変化調査の最小面積が25ヘクタールから6.25ヘクタール）が導入された。だが，ルセフ大統領が，贈賄・汚職により罷免され，2016年に誕生したテメル政権，2019年に誕生したボルソナロ政権になると，開発を優先し，環境保全のためにブラジルがこれまで整備してきた法や制度の重要な部分が反故する動きが起こってきた。例えば，レティシア協定の締結に向けての会議の中で森林火災を軽視した発言や国際協力に対し否定的な姿勢を示したり，森林保全に貢献をしているといわれているアマゾン基金[7)]の運営委員会において州や市民社会の議席数を減らし，連邦政府の権限を高めるといったことを実行しようとしたり，過去最高記録に近い森林伐採に関連するデータを公表したということでINPEの所長を解雇するなど，攻撃的かつ非人道的な発言を繰り返しており，これをうけドイツやフランス政府は2019年に20年間近い交渉を経て原則合意したEUとメルコスールのFTAに批准しない意志を表明した。これ以外にも，国際NGOや著名人を始め多くからの抗議を呼び，これらは欧州を中心に消費者の不買行動などにつながるなど，通商面での大きな

↗ の加入を促進することを目的とする。そのため，PROAGROやPROAGRO MAISの対象外の農業生産者（法人含む）も対象にし，またすべての農産物（穀物・家畜・林業・漁業など70品目）を対象にしている。このPSRを受給するための条件として，農家はゾーニングを遵守することになっている。MAPAによれば，2020/21年において，大豆の21.4%，小麦の37.1%，とうもろこし（第1期）の12.1%，とうもろこし（第2期）の19.4%の面積がPSRによってカバーされている（MAPA 2022)。

7) アマゾン基金は，ノルウェー，ドイツ，ブラジル石油公社（Petrobras）などが拠出し，BNDES（ブラジル国立経済社会開発銀行）が資金管理とプロジェクトの監視を行っている基金であり，その拠出金の94%をノルウェー政府が拠出している。2019年には増え続ける森林火災・森林伐採をうけノルウェーとドイツが基金の凍結を行った。

問題になっている。

では，ルーラやルセフといった左派政権時には様々な気候変動に対応すべき施策がなされ，テメルやボルソナロ政権といった中道左派・右派政権では開発優先の傾向にあるのかというと，ブラジルではどの政権下でも矛盾に満ちた政策を実施している。例えば，ルーラはアマゾン地域の森林保護，さらにはその地域に住む先住民への配慮などをうたいながらも，アマゾンは国家の富を生む場と考え，アマゾン地域の環境破壊につながっているといわれている国道163号（BR163）の舗装，生物の多様性への影響が懸念されている遺伝子組み換え作物の承認など，大豆・家畜などの農業生産の拡大を図るための施策も多くしている（小池・田村2017）。同様に，ルセフも新森林法の制定の際に，2008年以前の森林伐採における違法伐採は森林再生義務を免責にした。また，従来制限されてきた河岸の開発を容認するなど森林保護と逆行する政策の実施もしており，非常に矛盾に満ちた政権運営であった。さらに，ブラジルでは気候変動に対する姿勢は政権によって大きく異なり，内外における人気とりにも利用されている点も否めない。

ところでルーラ政権時には，DETERなどの監視システムの強化を始めとする様々な施策を実施してきたが，それは同時期にブラジルの経済成長率が高く，プライマリーバランスもプラスで政府財源が豊富にあったことによって実現できたものである。図表8に示しているように，プライマリーバランスがマイナスに転じると，環境省の予算など気候変動に関連する予算は大きく削減されている（図表9)。この点は，左派政権の主軸ともなっていたボルサファミリアに代表される社会福祉予算が右肩上がりで増大しているのとは大きく異なる。つまり，左派政権時に違法伐採の取り締まりの強化などを行えたのは，経済成長による部分が大きく，健全な財政とそれを支える財政規律があって初めて実現できると考えられる。

3. アマゾンの森林破壊と家畜生産

先に示したように，アマゾン地域の森林破壊の多くは森林を牧草地に転換

図表8　プライマリーバランスの推移

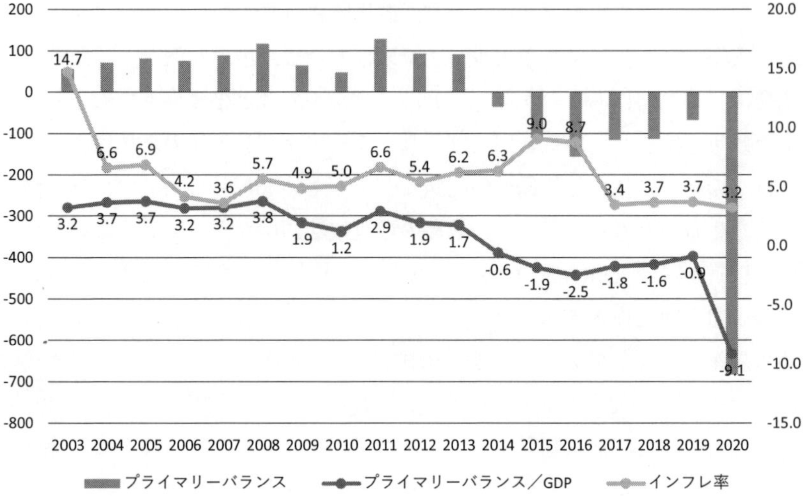

出所：IMF

する中で起こっている。Barreto（2021）の研究によると，10ヘクタールの牧草地で33頭の牛を養うことができたとしてもアマゾン地域では10頭しか養えないほど家畜生産での生産性が低い。この原因の多くは牧草地の劣化にあるとしている。アマゾン地域固有の土壌の状況，すなわち土壌中の有効なリンの減少・欠如，浸食の進行，および食べられる雑草の減少などによってその生産性は年々減少する。森林伐採から牧草地に転換するコストは1ヘクタールあたり1,500レアルであるが，劣化した牧草地を再生するには1ヘクタールあたり1,600レアルから3,000レアルがかかる。そのため，農業生産者は劣化した牧草地を再生するのではなく，新しいフロンティアを求めて森林を伐採するのである（Barret 2021）。

2017年のIBGEのデータによると，アマゾン地域のほとんどの生産者の教育レベルは低く，家畜の生産が多い地域ほどその傾向が高い。例えば，パラ州では農業生産者の約85%が学校に通ったことがないかもしくは小学校を

図表9　MMA（環境省）の予算とボルサファミリアの予算

（単位：百万レアル）

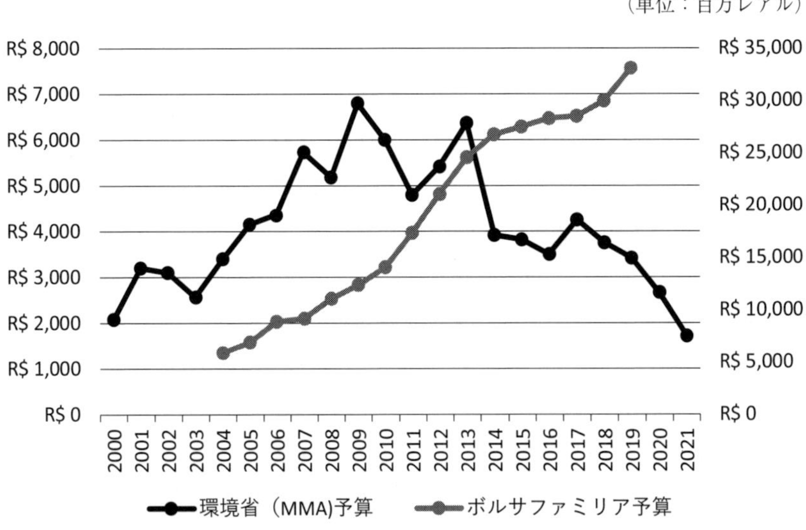

出所：G1（2021）

卒業できていない（Barret 2021）。すなわち，彼らにとっては牧草地が劣化したとしてもその回復方法が分からず，土地の生産性の低下した場合は新たな牧草地を求めるしかないのである。

このように牧草地の転換のための森林伐採は貧困や教育不足によって起こっている側面もあるが，土地投機としての側面もある。畜産業は，市場から遠く離れた不安定な道路のある土地の占有を容易にする。これは，牛がその地域に出入りをできるようにするためである。投機家は牛からの収入に加えて，木材の販売と土地の評価からも金銭を得ることができる。一般的に，アマゾン地域の土地価格は，道路へのアクセスを得た時と土地の権利が法制化された時に上昇する。その最も安価な土地の占有の方法が森林の牧草地への転換である。Pereira et al.（2019）によると，ロライマ州では公有地の平均最低価格は1ヘクタールあたり487.33レアルと平均の土地市場価格の4分の

1程度である。さらに，これに様々な割引価格（補助金など）が適用されると73.10レアルとなり，自治体の平均市場価格の6%以下である。したがって，アマゾン地域では土地がそもそも安価に入手しやすい環境にあり，土地投機の対象になりやすい。また土地投機とその悪影響を回避するために，ITRは大規模で生産性の低い土地にはより高い税金を支払うように制度上はなっているものの，実際には土地所有者らによる圧力によって4分の1から6分の1の税金しか納めていないとする（Pereira et al. 2019）。すなわち，森林伐採を助長しているのは家畜生産の生産性の低さとともに土地制度やそれに関連するガバナンスの欠如による部分が多い。

4. アマゾンの森林破壊と土地制度

Moutinho et al.（2022）の調査によると，2019年から2021年にかけての森林破壊の半分以上が公有地で行われており，違法伐採・違法収奪が深刻化している。またそれに伴い土地紛争も激増しており，2020年に1,576件に達し，これは1985年以来の最高件数を更新している[8]。CPTによると，土地・労働・水をめぐる紛争の増加は，環境的・社会的イニシアティブの削減と土地の略奪者や違法な採掘者を支持する政府の行動に起因するとしている。たしかに，ボルソナロ政権下では北部地域の底上げを理由に森林開発を容認してきた傾向があり，そうした政治的・経済的思想が影響しているだろう。だが，ボルソナロ政権以前のテメル，ルセフ，ルーラ政権等においても土地紛争や違法伐採は常に起こってきた。つまりこうした行為が継続的に起こっている

[8] この件数は17万人強が土地紛争に巻き込まれ，1日あたり平均4.31件の土地紛争が起こっていることになる。土地紛争の5分の2以上にあたる656件が，先住民もしくは先住民保護区に関連した土地紛争である。2020年の土地紛争に関連した殺人が18件起こっており，そのうち7人が先住民であり，また35件の殺人未遂のうち12人が先住民であった（MONGABAY 2021）。ISAによると，先住民族のヤノマミ（Yanomami）の居留地で先住民保護区として認定されているアマゾン地域で，違法採掘が30%も増えており，その大きさはサッカー場500面分の森林が破壊されているとする（ISA 2021）。

根本的な原因は，土地の境界線が不明確なこと，いわゆるブラジルの土地制度・登記制度における問題だと考えるべきである。

Sparovek et al.（2019）の研究によると，ブラジル全土の16.6%が無人地帯と呼ばれる所有者不明の土地がある。これは，1億4,100万ヘクタールにのぼり，パラグアイの領土の3倍の広さである。この無人地帯とは，公有地としてみなされているわけではなく，ただデータベースに記録がない地帯のことである。それらは登録が遅れている公有地であるか，もしくはCARに文書化されていない私有地である可能性もあるが，ほぼ公有地だと考えられる。また，ブラジルは開墾によって農地や公有地の拡大や開発を推し進めてきたこともあり，開墾した土地を占有することが憲法上でも認められている。そのため，無人地帯を自らが開墾をすれば占有できるとし，森林破壊や乱開発を推し進める層が後を絶たない。

さらに，ブラジルの場合は，CARに登記し土地情報が付帯されたとしても，その情報が必ずしも正しいと限らない。例えば，同じ土地でもCARにおいては私有財産として登録されていながらも，IBAMAによって環境保護区として分類されるといった，同地域が2つの異なる記録情報を持っているという問題がよく起こる。この土地の混乱ともいうべき二重登録の問題は，ブラジル全土の41%，3億5,400万ヘクタールに達する（Super Interesante 2019）。

Guedes Pintoによると，環境保護区などの公有地が私有地上で区切られていることもある。この場合，一部のデータベースが古くなっているなどの問題が起こっている可能性がある。だが逆に，私有地が公有地を始めとした公共の場を占有している場合もある。ブラジルでは土地収奪が慣行的に古くから行われており，不動産売買のため土地保有書類の改ざんも頻繁に起こっている。CARへの登録（SICAR）において10万件の不正申告があり，2018年までの公有地から私有地への切り替えで申告された5,650万ヘクタールのうち約1,100万ヘクタールが違法な土地取得であるとしている（Moutinho et al. 2022）。これは，人的資源の欠如，苦情処理や紛争解決などのためのチャネルの欠如，情報の透明性の低さ，土地機関の行動を監視するための市民参加の欠如など，土地制度をめぐるガバナンスの欠如による部分が多い。すなわち，登記制度への義務化など大きな制度設計はできたとしても，具体的な施策やそれを実行する上でのガバナンスの欠如や汚職などが新興諸国特有の問題が森林破壊を助長しているのである。

5. ボランタリークレジット市場と連帯経済による取り組み

このようにブラジルでは，森林破壊が続く問題を国内に内包しているわけだが，ブラジルの森林減少・森林劣化による気候変動を抑制する国際メカニズムへの参画も増えている。その1つがREDD＋（発展途上国における森林減少・森林劣化に由来する排出の削減等）のプロジェクトであり，これは同国のボランタリーカーボン市場の発展にもつながっている。2007年のCOP13にてREDD＋への協議が始まったのをきっかけに，ブラジル国内ではアマゾナス州など各州が独自にREDD＋を実施するための法整備を始めた。

そして，2008年には，アマゾナス州の持続可能な開発保全区（以下，保全区）の1つで，ブラジルで初の認証を受けたREDD＋プロジェクトをスタートさせた[9)]。その保全区がJumaである。Juma保全区の南側にはアマゾンの森林減少の引き金になったアマゾン横断道路BR230（国道）が走っており，その枝線AM-174（州道）が保全区内に通っている。そのためこの道路沿いに不法な木材業者や畜産業者による中・大規模な違法伐採が広がっており，また保全区の地域住民による焼畑も森林減少の要因につながっていると考えられている（高橋・石塚2016: 23）。

高橋・石塚（2016）の調査によると同プロジェクトでは，約33万ヘクタールを対象面積とし，38コミュニティ（434世帯）が参加しており，2050年までに1億9,000万トンのCO2排出削減量を見込んでいる。具体的には，保

[9)] 同プロジェクトでは2008年にCCBS（Climate, Community and Biodiversity Standards）の認証（Gold：最高カテゴリー）を取得している。REDD＋については森林研究・整備機構森林総合研究所（2017）も参照。

全区の地域住民に対しBF（森林給付金）の直接支払いを柱としたプロジェクトであり，ブラジルのNGO団体のFASやIDESAMを主体にアマゾナス州と協働で実施されている。活動資金などはアマゾン基金に加えて，マリオットホテル，コカ・コーラブラジル，ブラデスコ銀行（ブラジル4大銀行の1つ），サムスンなど国内外の民間企業から資金提供が行われている（高橋・石塚2016: 23）。

プロジェクトでは，森林減少・劣化対策として，①環境モニタリングの強化，②持続可能な政経手段の開発，③地域住民のキャパシティビルディング，④直接支払いの4つを実施している。このプログラムは住民のセーフガードにのみならず，住民による森林利用の制御，さらには外部者による違法伐採抑制の鍵になる。特に，プロジェクトでは住民参加型の手法がとられており，住民らとの対話の中で彼らの要望・事情を踏まえつつ森林保全効用が高い活動が実施されている。また同プロジェクトの特徴は，2008年から2050年までの長期間におけるプロジェクトであり，それを支える豊富な資金提供がある。2008年から2013年にかけて423,158レアルの資金投入されている（高橋・石塚2016: 27）。

こうしたNGOなどが中心となり，貧困対策や環境保全が行われているのは連帯経済の影響が大きい。ブラジルでは，2003年にはMTE（労働雇用省）内にSNES（連帯経済局）が設立され，各地の自治体や大学など多様なアクターが連帯経済への取り組みを行っている（佐野2016)。特に，ブラジルは先住民，キロンボ（黒人集落)，貧困，ジェンダー等様々な社会問題を内包しているため，国内外を問わず多種多様かつ博学広才のアクターが様々なレベルでかかわりを持っている。したがって，ブラジル国内には，すでに相互に協力しより良い社会を目指していくための受け皿があり，それらがREDD＋のような発展途上国支援と結びつき，貧困問題のみならず気候変動等にも対処できる可能性がある。FGV（2022）によると，ブラジルのボランタリークレジット市場，いわゆる民間主導のカーボン市場は，2021年には世界第4位のクレジット発行量をほこる規模となっている。コロナ禍の下でも，クレ

図表10　ブラジルにおけるカーボンクレジット（ボランタリー）市場の推移

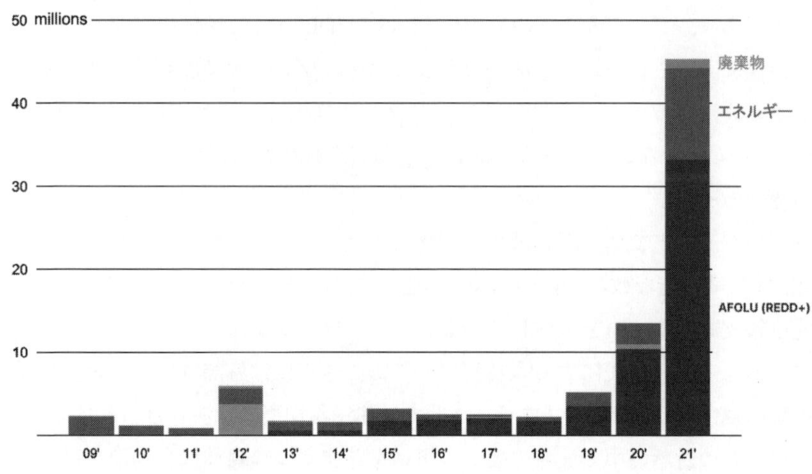

出所：FGV（2022）

ジット発行量は減少することなく，2020年から21年にかけて236%，19年からすると736%に拡大している（図表10）。そして，このボランタリー市場で中心となっているのはクレジット発行量の6割を占めるAFOUL（REDD＋／農業林業その他土地利用）である。このようにブラジルでは，REDD＋のように先進国の民間企業や先進国政府の費用負担の下，同国の森林減少・森林劣化を防ぐための新たな国際協力体制が生まれている。

さらに，こうしたボランタリークレジット市場は，農村地域の環境保護を強化するために農業生産の現場でも活用される動きがある。それが2021年より実施されているCPR Verdeである。ブラジルでは，1994年の法令8929号によって，農業生産者の自己資金調達方法の1つとして幅広く利用されてきたのがCPRである。CPRは，セラード地域などの大規模農業生産者を中心に，投入財の資金調達として利用されてきた。CPRは，将来ある一定の数量の農産物を引き渡すという約束の下に生産者が前もってある一定の金額を受け取るという契約の一種である。導入当初は現物のみに限定されていたが，2021年には手形の買い手を増やし融資を拡大するために，金融市場で流通可能なCPRや現物納入以外に契約期日に商品を金額に換算して現金で支払うことも可能になった。CPR Verdeでは，これまでのCPRのように農産物を担保にするのではなく，事前申告をした環境保全に関連する活動目標[10)]を担保に，カーボンオフセットを目指す企業からの投資を募り，目標達成度を第三者機関が評価することで，カーボンクレジットとして国内外の投資家に付与されるという制度である（Valor Economico 2022, 2022）。このようにブラジルのGHG排出量の削減，森林炭素蓄積量の増加または維持，森林の維持などのために，民間部門主導のクレジット市場が広がっているなど，これまでとは異なる形での森林減少・森林劣化の削減が進展する可能性を秘めている。

おわりに

これまで述べてきたように，ブラジルは自国において環境保全にも力をいれながら，成長（農業生産・輸出）との両立を図ろうとしている。だが，持続的な農業生産の拡大は，必ずしも実現できているわけではなく，農業生産の拡大がGHGの排出量の拡大や森林破壊につながっていることも否定できない。特に，新興国のブラジルでは，政府とそのガバナンス様式に依存しており，また経済状況が大きくかかわってくる。

EUやアメリカなどの不買行動や環境規制の強化は，ブラジルに対して低炭素技術などの新技術の導入やボランタリークレジット市場の広がりなどを後押しする可能性もある。また，ブラジル経済にある連帯経済の動きが礎石になって，ブラジルの森林減少・森林劣化を防ぐ活動，いわゆる貧困層や小規模生産者の生活改善・環境教育となり，貧困ゆえの乱開発を行ってしまうという悪循環を断ち切る可能性が高い。したがって，国際的な規制・協力体

10）対象となるのは，GHG排出量の削減，森林炭素蓄積量の増加または維持，森林の維持と在来種の保護，生物多様性の確保，水資源の確保，土壌改善，その他の生態系保全にかかわる活動などである。

制をより一層整えていくことが重要となってくる。その際，必要なのは外部規制をする側（情報発信：国際ルールとそれに基づく規制と支援）とそれを受けとる側（レセプターとしての政府・経済・市民：政府組織と非政府組織である連帯経済）である。この両者が存在して初めて1つの好循環を生み出していくと考えられる。

参考文献

小池洋一・田村梨花編（2017），『抵抗と創造の森アマゾン　持続的な開発と民主の運動』現代企画室.

佐野聖香（2016），「ブラジルの農業協同組合の新たな展開：COPAVIの事例」，『立命館経済学』，65(6): 1207–1217.

森林研究・整備機構森林総合研究所（2017），『REDDプラスへの取り組み動向 Country Reoort 平成29年度ブラジル連邦共和国』，国立研究開発法人森林研究・整備機構森林総合研究所. http://redd.ffpri.affrc.go.jp/pub_db/publications/country_report/_img/2017/08_country_report_brazil_2017.pdf

高橋芽衣・石塚森吉（2016），「ブラジル・アマゾナス州の森林保全プログラム—ブラジル初のREDD＋プロジェクト・サイトを中心に—」，『海外の森林と林業』，No. 96, 22–27.

山口真功・石井清栄（2020），「ブラジルの大豆・トウモロコシをめぐる最近の情勢（前編）～生産はマットグロッソ州を中心に今後も拡大の見込み～」，『畜産の情報』，8月号，72–85.

林野庁（2019），『平成29年度「クリーンウッド」利用推進事業のうち生産国における現地情報の収集（熱帯地域）報告書』，林野庁，https://www.rinya.maff.go.jp/j/riyou/goho/kunibetu/bra/bra-houkokusyo.pdf

ABIOVE (2021), *Moratória da Soja - Relatório 13º ano*, ABIOVE. https://abiove.org.br/relatorios/moratoria-da-soja-relatorio-13o-ano/

Asner, G.P., Broadbent, E.N., and Oliveira, P.C. et al. (2006), Condition and fate of logged forests in the Brazilian Amazon, *PNAS*, 103(34): 12947–12950. https://doi.org/10.1073/pnas.0604093103

CNA (2021), *Balança comercial do agronegócio Brasileiro*, https://www.cnabrasil.org.br/assets/arquivos/Balanca-Comercial_jan-dez-2020.pdf

Barreto, P. (2021), *Políticas para desenvolver a pecuária na Amazônia sem desmatamento*, No. 11, Amazônia 2030. https://amazonia2030.org.br/wp-content/uploads/2021/09/pecuaria-extrativa_final_Paulo-Barreto-1.pdf

Fearnsida, P.M. (2001), Soybean cultivation as a threat to the environment in Brazil, *Environmental Conservation*, 28(1): 23–38. https://doi.org/10.1017/S0376892901000030

FGV (2022), *Mercado de Carbono Voluntário no Brasil*, FGV. https://eesp.fgv.br/sites/eesp.fgv.br/

files/ocbio_mercado_de_carbono_1.pdf

Finer, M., and Mamani, N. (2021), *The Amazon & Climate Change: Carbon Sink vs Carbon Source*. MAAP: 144.

Gatti, L.V., Basso, L.S., and Miller, J.B. et al. (2021), Amazonia as a carbon source linked to deforestation and climate change, *Nature*, 595: 388–393. https://doi.org/10.1038/s41586-021-03629-6

Gollnow, F., Hissa, L.V., Rufina, P., and Lakesa, T. (2018), Property-level direct and indirect deforestation for soybean production in the Amazon region of Mato Grosso, Brazil, *Land Use Policy*, 78, 377–385. https://doi.org/10.1016/j.landusepol.2018.07.010

Grieg-Gran, M., Porras, I., and Wunder, S. (2005), How can market mechanisms for forest environmental services help the poor? Preliminary lessons from Latin America, *World Development*, 33(9): 1511–1527. https://doi.org/10.1016/j.worlddev.2005.05.002

Harris, N.L., Gibbs, D.A., and Baccini, A. et al. (2021), Global maps of twenty-first century forest carbon fluxes, *Nature Climate Change*, 11: 234–240. https://doi.org/10.1038/s41558-020-00976-6

Juan, A., Julia, A., and Simone, B. et al. (2021), *Latin American and Caribbean Forests in the 2020s: Trends, Challenges, and Opportunities*, IDB (Inter-American Development Bank). http://dx.doi.org/10.18235/0003019

Lewis, S., Brando, P.M., and Phillips, O.L. (2011), The 2010 Amazon Drought, *Science*, 331(6017): 554. http://dx.doi.org/10.1126/science.1200807

MAPA (2022), *Programa de apoio ao seguro rural*, MAPA.

Marengo, J.A., Galdos, M.V., and Challinor, A. et al. (2021), Drought in Northeast Brazil: A review of agricultural and policy adaptation options for food security, *Climate Resilience and Sustainability*, 1–20. https://doi.org/10.1002/cli2.17

Moutinho, P., Alencar, A., and Stabile, M. et al. (2022), *Destinação de Florestas Públicas – um meio de combate à grilagem e ao desmatamento ilegal na Amazônia*, No. 30, Amazônia 2030. https://amazonia2030.org.br/wp-content/uploads/2022/03/AMZ2030_30.pdf

Panayotou, T. (1993), Empirical tests and policy analysis of environmental degradation at different stages of economic development, *ILO Working Papers*.

Pereira, R., Barreto, P., and Baima, S. (2019), *Municípios amazônicos poderiam arrecadar mais impostos de proprietários rurais*, 88. Belém: Imazon.

Piatto, M., and Inakake de Souza, L. (2016), *10-YEAR OF SOY MORATORIUM IN THE AMAZON: History, impacts and expansion into Cerrado areas*, Piracicaba, SP: Imaflora. https://www.imaflora.org/public/media/biblioteca/IMF-10-years-of-soy-moratorium-WB.pdf

Santos, D., Salomão, R., and Veríssimo, A. (2021), *Fatos da Amazônia 2021*, No. 03 Amazônia 2030. https://amazonia2030.org.br/wp-content/uploads/2021/04/AMZ2030-Fatos-da-Amazonia-2021-3.pdf

Santos, D., dos Santos, M.L., and Veríssimo, A. (2022), *Fatos da Amazônia 2022*, vol. 1. No. 49

Amazônia 2030. https://amazonia2030.org.br/wp-content/uploads/2022/08/FatosAmazonia2022_FINAL_12AGO_web.pdf

Sparovek, G., Reydon, B.P., and Guedes Pinto, L.F. et al. (2019), Who owns Brazilian lands? *Land Use Policy*, 87: 1–3. https://doi.org/10.1016/j.landusepol.2019.104062

Stern, D.I. (2004), The rise and fall of the environmental kuznets curve, *World Development*, 32(8): 1419–1439. https://doi.org/10.1016/j.worlddev.2004.03.004

SEEG (2021), *Análise das emissões de gases de efeito estufa do Brasil* (1970–2020), SEEG 9. https://seeg-br.s3.amazonaws.com/Documentos%20Analiticos/SEEG_9/OC_03_relatorio_2021_FINAL.pdf

World Bank (2014), *Coping with Losses: Options for Disaster Risk Financing in Brazil*. World Bank, Washington, DC. World Bank. https://openknowledge.worldbank.org/handle/10986/29397

（ニュース関連）

Cargill "Addressing deforestation in the Brazilian Cerrado", 25/11/2020, https://www.cargill.com/story/addressing-deforestation-in-the-brazilian-cerrado

G1 "Atual proposta de orçamento para Ministério do Meio Ambiente é a menor em 21 anos, aponta relatório", 22/01/2021, https://g1.globo.com/natureza/noticia/2021/01/22/atual-proposta-de-orcamento-para-ministerio-do-meio-ambiente-e-a-menor-em-21-anos-aponta-relatorio.ghtml

ISA "O STF e os direitos indígenas hoje: o que você precisa saber", 02/07/2021, https://site-antigo.socioambiental.org/pt-br/noticias-socioambientais/stf-e-os-direitos-indigenas-hoje-o-que-voce-precisa-saber

MONGABAY "Land conflicts in Brazil break record under Bolsonaro", 02/06/2021, https://news.mongabay.com/2021/06/land-conflicts-in-brazil-break-record-in-2020-under-bolsonaro/

MONGABAY "Bad weather knocks down Brazil's grain production as 'exhaustively forewarned'", 17/08/2022, https://news.mongabay.com/2022/08/bad-weather-knocks-down-brazils-grain-production-as-exhaustively-forewarned/

Super Interesante "Um sexto das terras brasileiras é de propriedade desconhecida", 26/08/2019, https://super.abril.com.br/ciencia/um-sexto-das-terras-brasileiras-e-de-propriedade-desconhecida/

Valor Economico "Você sabe o que é CPR Verde e como ele ajuda o agronegócio?", 15/06/2022, https://valor.globo.com/financas/esg/coluna/voce-sabe-o-que-e-cpr-verde-e-como-ele-ajuda-o-agronegocio.ghtml

Valor Economico "CRA "verde" em dólar apoia soja sustentável no Cerrado brasileiro", 02/08/2022, https://valor.globo.com/agronegocios/noticia/2022/08/02/cra-verde-em-dolar-apoia-soja-sustentavel-no-cerrado-brasileiro.ghtml

（データ関連）

CEPEA/CNA, https://www.cepea.esalq.usp.br/br/pib-do-agronegocio-brasileiro.aspx（最終アクセ

ス日：16/08/2022）

CEPAL, https://dds.cepal.org/bpsnc/programa?id=6（最終アクセス日：23/09/2022）

Comex-Stat, http://comexstat.mdic.gov.br/pt/home（最終アクセス日：16/08/2022）

IMF: World Economice Outlook database, https://www.imf.org/en/Publications/WEO/weo-database/2022/April（最終アクセス日：30/07/2022）

Tiva, https://www.oecd.org/sti/ind/measuring-trade-in-value-added.htm（最終アクセス日：16/08/2022）

Summary

Risk and Its Management in the Agricultural and Food Industries in Emerging Economies: The Case of Brazil

Sayaka Sano (Ritsumeikan University)

The study aimed to examine the Brazilian government's approach to climate change and deforestation issues, in addition to the types of international relationships formed from these issues.

In the 21st century, climate change is a major global problem. Nearly 50% of Brazil's GHG (greenhouse gas) emissions originate from land use conversion. This includes the agricultural sector, which accounts for nearly 80% of emissions. In contrast, emission sources differ in developed countries. Therefore, we consider the drivers of emission sources of emerging countries.

◇コメント◇

日本貿易振興機構アジア経済研究所　道田　悦代

地球の表面積の3割を占める森林は，樹木や生育する土壌に二酸化炭素を貯蔵する役割を果たしている。1850年以降の二酸化炭素排出量の約3割は，森林破壊により木や地中に貯蔵された二酸化炭素が大気中に放出されたと推計されている（Vermeulen, Campbell, & Ingram, 2012）。近年の森林破壊の9割以上は開発途上国が擁する熱帯雨林で発生しており，うち4分の3は農業由来と推計されている（Hosonuma et al., 2012）。ブラジル・アマゾンの森林は世界の森林面積の12%を占めるが（FAO, 2020），森林破壊による二酸化炭素排出量が森林の吸収量と同水準となっており，吸収源としての役割を果たしていない（Harris et al., 2021）。このため，ブラジルの森林破壊を食い止めることは国際社会にとって喫緊の課題であり，森林破壊の主因とされる農業の課題解決が不可欠である。とりわけ，ブラジルは世界において大豆やとうもろこし，畜産物の主要輸出国でもあり，農産物貿易の役割は大きい。

しかし，これまで森林保全にかかわる国際環境条約等の国際的な取組みは必ずしも成功してこなかった。森林は国際公共財であるが，国家の公共財でもあり，国際交渉等の対象となる場合には国家主権がかかわる。森林保護と農業生産拡大による所得上昇がトレードオフであるならば，森林保護のコストは開発途上国が支払うのではなく，これまで成長の果実を享受してきた先進国が支払うべきだとの途上国の立場は，過去の国際交渉でも繰り返し表明されてきた。さらに，開発途上国の森林破壊は国内にも課題があるが，グローバル化のなか，先進国が途上国から農産物を輸入することが原因になってきたことも認識されている。

佐野論文では，このようなブラジルの森林保全にかかわる重層的な課題への接近法として，森林破壊と関連する貿易や産業の現状を把握し，国際的な動向，国内法や政策，そして政治的な背景をあわせて検討している。ブラジル経済における農業の役割は近年増しており，農産物はGDPの3割，輸出の4割を占めている。また，貿易構造の顕著な変化として注目されるのが，輸出仕向け地である。農牧漁部門の付加価値貿易額をみると，2000年代初頭は欧州が全体の5割近く占めていたが，2015年には中国が5割となり欧州と逆転した。次に，森林保全政策に焦点をあて，1988～2022年に森林保全にかかわる世界の潮流とともに，ブラジルの複数の政権が実施した森林保護政策をまとめ，政権ごとに変遷する開発と環境政策のゆらぎを明らかにした。この議論は，ブラジルでは，森林保全政策が，国内政治を説明変数として決定されることを示唆している。

他方，佐野論文では近年の森林伐採の半分が公有地で発生している現状を示し，森林保全の実施は生産者のキャパシティや生産性に依存するが，それらが十分でない場合，政策実施が困難な状況であると議論している。そのなかでも期待が持てるのが，先進国政府や民間企業が資金を拠出し，NGOが自主的な仕組みとして実施する森林給付金やカーボンオフセット，また連帯経済の取組みである。佐野論文の貢献は，農業がけん引するブラジル経済の森林保全の課題について，生産，貿易，そして国内制度や政治を踏まえて検討することにより，それぞれを独立に分析するのみではみえない側面を浮き彫りにしたことといえる。

以下では本論文の展開の可能性について論じてみたい。第一に，佐野論文では，環境保護を打ち出している政権でも，つぶさに政策の内容を検討すると，実際は農業生産を拡大する政策が実施されていると指摘している。加えて，中国がブラジル農産物の主要輸出先となった。このことをあわせて考えると，ブラジルの森林保全政策は，政治だけでなく主要輸出仕向地の規制水準が説明変数となっているのではないかという仮説を提案したい。Vogel（1995）は，主要な消費国が厳しい環境規制を課した場合，適応した企業は他の消費国で類似の環境規制が導入されることで競争力を維持できるため，他の市場でも環境規制の引き上げが起こると議論した。Michida（2017）は，厳しい化学物質規制を導入した欧州への市場アクセスを維持しようとしたアジア輸出国が同様の規制を導入し，貿易を通じて輸出相手国の規制が国内規制に影響を与えた事例を示した。他方，Adolph, Quince, and Prakash（2017）では，労働安全基準においても同様に規制の波及が起こることを指摘したうえで，労働基準が緩い中国への輸出シェアが高まることで，輸出国の労働基準が引き下げられる効果があると実証した。欧州ではグリーン・ディール政策等で，農産物を輸入する場合に地球温暖化に寄与しないことを求めるなど規制を強化してきたが，中国ではそのような政策は行われていない。欧州から中国に輸出市場がシフトしたことで，国内の環境政策が緩められる方向にあるという仮説がなりたつのではないかというものである。

第二は，先進国企業等の資金により，森林保全を行う住民に支払いをする自主的な取組み事例の影響に関するものである。先進国の民間企業が途上国の森林保全に資金を提供し貢献することは，従来の国際的な議論を踏まえても有効な方向性であろう。しかし先進国中心の自主的施策が国際公共財である森林保全にどの程度有効であるかについてはまだ十分な知見が蓄積されていない。東南アジアでは，森林保全において民間施策が一定程度普及した後停滞し，公共政策が補完する役割を果たす事例もみられる（Michida, 2022）。ブラジルでは今後自主的な施策がどのような進展をみせるのか，また公共政策との協調は行われるのか，さらに熱帯雨林を擁する東南アジアの事例との比較についても研究が展開できると興味深い。

第三に，所得増加のため農業生産の拡大への政治的要求は大きいと考えられるが，論文で指摘されているように，ブラジル農業への異常気象の影響も深刻である。ブラジルにおいて環境保全と経済成長の両立をどうはかるのか，国民がどのような意識を持っているのかが今後の政治に影響を与えると考えられ，検討するとよいのではないかと考える。

最後に，2021年にイギリス・グラスゴーで行われた気候変動枠組条約第26回締約国会議においても，イギリスとインドネシアが主導しブラジルも参加して，大豆や畜産など森林破壊の原因となりうる農産物貿易のサプライチェーンを国際的に管理していく方策について話し合われた[1)]。また，2022

年欧州では，森林破壊を引き起こした農産物の輸入を禁止することが決まった[2)]。国際的な規制環境が変化するなか，開発途上国の開発と気候変動をどう両立するのか，また森林保全に資する国際貿易はどうあるべきかなど多くの課題がある。ブラジルの森林保全の方策と課題は，今後の国際的な議論をけん引していくと考えられ，佐野論文から多くの示唆を頂いたことに謝意を表したい。

参考文献

Adolph, C., Quince, V., & Prakash, A. (2017), The Shanghai effect: Do exports to China affect labor practices in Africa? *World Development*, 89, 1–18. doi: https://doi.org/10.1016/j.worlddev.2016.05.009

FAO (2020), Global Forest Resource Assessment 2020. Retrieved from https://www.fao.org/forest-resources-assessment/2020/en

Harris, N.L., Gibbs, D.A., Baccini, A., Birdsey, R.A., De Bruin, S., Farina, M., ... & Tyukavina, A. (2021), Global maps of twenty-first century forest carbon fluxes. *Nature Climate Change*, 11(3), 234–240.

Hosonuma, N., Herold, M., De Sy, V., De Fries, R.S., Brockhaus, M., Verchot, L., ... Romijn, E. (2012), An assessment of deforestation and forest degradation drivers in developing countries. *Environmental Research Letters*, 7(4), 044009. doi: 10.1088/1748-9326/7/4/044009

Michida, E. (2017), Regulatory diffusion from Europe to Asia. In E. Michida, J. Humphrey, & K. Nabeshima (Eds.), *Regulations and international trade: New sustainability challenges for East Asia*. Cham: Palgrave Macmillan.

Michida, E. (2022), National standards: The case of palm oil standards In UNFSS (2022), *Voluntary Sustainability Standards, Sustainability Agenda and Developing Countrie: Opportunities and Challenges*, Section 3.3.1.

Vermeulen, S.J., Campbell, B.M., & Ingram, J.S.I. (2012), Climate change and food systems. *Annual Review of Environment and Resources*, 37(1), 195–222. doi: 10.1146/annurev-environ-020411-130608

Vogel, D. (1995), *Trading up: Consumer and environmental regulation in a global economy*: Harvard University Press.

---

1) 農業コモディティ貿易 FACT（Forest, Agriculture & Commodity Trade）対話　https://www.factdialogue.org

2) 欧州の森林破壊フリー製品規制　Regulation on deforestation-free products https://environment.ec.europa.eu/topics/forests/deforestation/regulation-deforestation-free-products_en

投稿論文

為替市場の構造と理論への含意

――CLSデータを用いた円相場の検証*

学習院大学大学院／財務省　**棚瀬　順哉****

要旨

為替レートの決定要因については膨大な先行研究が存在するが，依然コンセンサスは得られていない。その背景には，理論が想定する為替市場が現実から乖離していることや，データの不足があるとみられる。本稿の目的は，為替市場の構造を特定した上で，新たなデータセット（CLSのフロー・データ）を用いて，より現実に即した新たなモデルの構築に向けた道筋を示すことである。

キーワード：国際収支統計，オフバランスのフロー，フロー・アプローチ，
マーケット・マイクロストラクチャー理論

1. はじめに

為替レートの決定要因については膨大な先行研究が存在するが，依然としてコンセンサスは存在しない。この背景には，各種理論が前提とする為替市

* 論文の執筆にあたり，指導教官である清水順子先生（学習院大学）に大変有益なコメントを数多く頂いた。2022年10月2日の日本国際経済学会第81回全国大会では本稿の草稿に対し，討論者の小川英治先生（東京経済大学）から詳細なコメントを頂戴した。また，匿名のレフェリー1名からは本稿を改善する上で有益なコメントを多数頂いた。各位に心より感謝申し上げる。なお，本稿中の内容および意見はすべて筆者個人に属するものであり，筆者が所属する組織およびCLSの見解ではない。

** E-mail: Junya.tanase@mof.go.jp

場の構造が現実とはかけ離れているためモデルの説明力が弱いことと，分析に必要なデータの不足という問題があると考えられる。本稿の目的はこうした事情を踏まえ，各種データを用いて為替市場の構造を特定した上で，新たなデータセット（CLSのフロー・データ）を用いて，より為替市場の現実に即したモデルの構築に向けた道筋を示すことである。

本稿では，フローベースの為替市場の構造を特定した上で，為替レートの説明力が高いフローと説明力を持たないフローを識別することを試みる。フローから為替レートを説明するという意味で，本稿のアプローチは伝統的なフロー・アプローチに近い。もっとも，伝統的なフロー・アプローチが主に国際収支由来のフローにフォーカスしていたのに対して，本稿では国際収支以外のフローも含んだモデルを構築している点が大きく異なる。本稿で明らかにするように，実際の為替市場においては国際収支由来のフローよりも国際収支以外のフロー（「オフバランスのフロー」）の方がはるかに規模が大きいとみられるため，こうしたフローを分析に反映する必要がある。また，さまざまなフローの中から為替レートに対する説明力を有するフローを抽出するという本稿のアプローチは，マーケット・マイクロストラクチャー理論とも親和性がある。

本稿の構成は以下の通りである。第2節では，先行研究を踏まえて本稿の問題意識を明らかにする。第3節では，外国為替市場の構造と為替レートの決定理論の関係について検討する。第4節では，円相場を構成する各種フローの規模についての推計を行い，フローの総体としての円相場の構造を提示する。第5節では，第4節で示した円相場の構造を踏まえた上で，CLSのフロー・データを説明変数，ドル/円為替レートを被説明変数とするモデルについて回帰分析を行い，ドル/円為替レートに対する説明力を有するフローを明らかにする。第6節ではまとめと今後の研究課題について述べる。

2. 先行研究のレビューと問題意識

外国為替市場は世界最大の金融市場とされる。外国為替市場の規模に関する代表的な統計であるBISのTriennial Central Bank Surveyによると，1日の外為取引高（2019年4月の平均）は6.6兆ドルである[1)]。一年を250営業日とすると，年間取引高は1,650兆ドルにものぼる。同年の世界の貿易額は37.4兆ドルで，外為取引高のわずか2.2%であった。

「貿易などの経常取引に絡む外為取引よりも資本取引に絡む外為取引の方がはるかに大きいため，為替レートに与える影響も資本取引の方が大きい」という見方は実務，学会の双方でコンセンサスになっているとみられ，さまざまな為替レートの決定理論は基本的にこうした前提の下に構築されている。しかし，この前提の妥当性について詳細に検証した研究はほとんど存在しない。一般的には，前出の外為取引高（1,650兆ドル）と貿易額（37.4兆ドル）の差（1,613兆ドル）をすべて資本取引と見做すことが多いが，こうした見方は妥当なのだろうか。また，1,613兆ドルの大部分が資本取引であると仮定した場合，その内訳はどのようなものだろうか。

こうした疑問に答える研究がなされてこなかった主な理由は，データの制約と理論上の要請の弱さと考えられる。後者に関して，為替レートの決定理論の主流であるアセット・アプローチの標準的な前提では，あらゆる情報はすべての投資家にとって等しく利用可能であり，投資家は同質的（たとえば，ある経済ニュースに対する反応が投資家間で異なることは想定されない）であるとされている。こうした前提の下では，投機フローが貿易などの経常取引に起因するフローよりも十分に大きいため経常フローが為替レートに与える影響は限定的であることさえ担保されていれば，投機フローの規模は理論から導き出される結論にほとんど影響しない。

たとえば，為替レートが金利平価に基づいて内外資産の期待収益率が等しくなる水準で一意的に決まると仮定すると，カバー無し金利平価を前提とするならば為替レートの決定に影響するのは現在の為替レート，予想為替レートおよび国内外の金利水準のみであり，取引の規模は関係しない。前出の数

1) スポット，為替スワップ，アウトライト・フォワード，通貨スワップ，通貨オプションの合計。

図1　投資家部門別対外証券投資（中長期債）

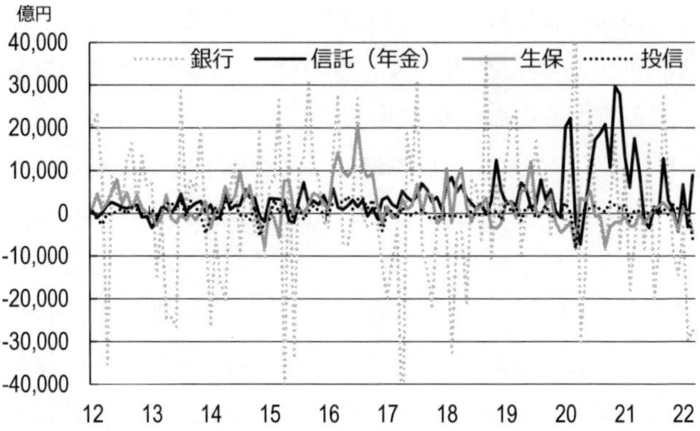

億円
40,000
30,000
20,000
10,000
0
-10,000
-20,000
-30,000
-40,000
銀行　信託（年金）　生保　投信
12 13 14 15 16 17 18 19 20 21 22

出所：財務省のデータより筆者作成

値例を用いれば，アセット・アプローチでは外為取引高（1,650兆ドル）と貿易額（37.4兆ドル）の差（1,613兆ドル）はすべて同質的な投資家による投機的フローと見做されるが，外為取引高が10倍に増えたとしても，内外資産の収益率が等しくなる水準で決まる為替レートはほとんど変化しないだろう。

もっとも，巨大な外国為替市場のフローのほとんどが同質的な投資家による投機フローであるとのアセット・アプローチの前提は非現実的であり，実態を適切に反映しているとは言いがたい。たとえば，日本の対外証券投資の投資家タイプ別フローをみると，各投資家によるフロー間の相関関係は弱く，明らかに投資家は同質的でなく，各々の目的に応じて多様な投資行動をとっていることが示唆される（図1，表1)。

実際，1970年代以降アセット・アプローチの考え方に基づくさまざまなマクロ・モデルが開発されたが，いずれのモデルも為替レートの動向を上手く説明・予測することができなかった。Meese and Rogoff（以下「MR」）は1983年に発表した有名な論文で，代表的なマクロ・モデルのパフォーマン

表1　各投資家によるフロー間の相関（中長期債・月次：2012年1月～2022年3月）

	銀行	信託（年金）	生保	投信
銀行		0.03	0.08	0.01
信託（年金）	0.03		−0.18	0.16
生保	0.08	−0.18		0.35
投信	0.01	0.16	0.35	

出所：財務省のデータより筆者作成

スが，12ヶ月以内といった短期においてはランダムウオーク・モデルを有意に上回らないことを示した[2)]。MR以降，彼らが提示したパズルを解消すべく多くの研究が行われたが，芳しい成果を挙げることができておらず，少なくとも短期的には，マクロ・モデルのサンプル期間外の予測力がランダムウオーク・モデルを有意に上回るのは困難であることが，ほぼコンセンサスとなっている模様である[3)]。

2) Meese and Rogoff（1983）は，代表的なマクロ・モデルである伸縮価格マネタリーモデル，硬直価格マネタリーモデル，経常勘定を取り入れた硬直価格マネタリーモデルの予測精度が，t期の為替レートはホワイトノイズだけに依存するというランダムウオーク・モデルを頑健に上回ることができるか否かについて推定を行った。MRではマクロ・モデルにおける予想値の推計に関して，説明変数に各時点の予想値ではなく実績値が用いられたにもかかわらず（実際に予想を行う際には説明変数の実績値を知ることはできないため，これはマクロ・モデルに極めて有利な設定である），マクロ・モデルの予想精度はランダムウオーク・モデルを頑健に上回ることができなかった。このことは，仮にモデルの説明変数を正確に予想できたとしても，マクロ・モデルの予想精度はランダムウオーク・モデルを有意に上回らないことを意味している。

3) マクロ・モデルの予測力の低さについて，たとえばNeely and Sarno（2002）は，アセット・アプローチに基づくマクロ・モデルの代表的なものであるマネタリーモデルについて，同モデルの3つの構成要素である貨幣需要の均衡式，購買力平価，カバー無し金利平価のパフォーマンスが必ずしも良くないことと，現実を過度に単純化していることが為替予測力の低さにつながっていると指摘した。また，Neely and Sarno（2002）は，マネタリーモデルが為替レート予測の最良のモデルである保証が無いにもかかわらず，同モデルの説明力の低さをもってマクロ・モデルによって為替レートを予測することはできないとの結論を導きがちな研究者の傾向にも言及している。

外国為替の研究者がMRパズルに対して明確な回答を与えられないまま10年あまりが経過した1990年代半ば頃から，為替レートの決定理論の新たな方向性として，マーケット・マイクロストラクチャー理論が注目を集め始めた[4)]。

マーケット・マイクロストラクチャー理論の特徴は，アセット・アプローチにおけるいくつかの厳格な前提を緩和している点である。マーケット・マイクロストラクチャー理論では，必ずしもすべての情報がすべての市場参加者にとって利用可能ではなく，市場参加者の属性によって価格への影響は異なり得ることを想定している。これはより現実的な仮定と言え，実際，マーケット・マイクロストラクチャー理論の分野における実証研究では，ある種のフローが為替レートの説明力・予測力を持ち得るという推定結果が多く報告されている[5)]。

もっとも，市場参加者の多様性というより現実的な仮定を置いているマーケット・マイクロストラクチャー理論においても，さまざまなフローの総体としての為替市場の構造を具体的・明示的に示した上で各種フローの影響を分析するような研究は皆無である。たとえば，マーケット・マイクロストラクチャー理論に基づくいくつかの研究では，ヘッジファンドなどのレバレッジ投資家によるフローが為替レートの説明力・予測力を持つとの推定結果が報告されているが[6)]，これが1）レバレッジ投資家のフローが圧倒的に大きいためなのか，2）シェア自体はそれほど大きくないがその他のフローが理論的に為替レートの説明力・予測力を持ち得ないためなのか，3）その他の理由によるものなのかは明らかにされていない[7)]。マーケット・マイクロスト

4) 先駆的研究としてはLyons（1995）など。

5) King et al.（2013）は，マーケット・マイクロストラクチャー理論に基づく為替レートの実証研究に関する優れたサーベイを提供している。

6) Lyons（2001），Osler and Vandrovych（2009）など。

7) 為替レートの説明力・予測力を持ち得ないフローには，顧客からの注文を金融機関のトレーダーがインターバンク市場で執行する，所謂「カバー取引」がある。「カバー取引」の目的は金融機関のトレーダーが自らのポジションをスクエアにすることであり，↗

ラクチャー理論の研究者[8]はアセット・アプローチの過度に単純化された前提に批判的であるが，上記1）のケースで想定される為替市場の構造（投機筋のフローが支配的）と前提（同質的な投資行動）は，アセット・アプローチの想定と明示的に区別できない。また実際には，ヘッジファンドなどのレバレッジ投資家にはさまざまなタイプが存在し，投資行動も多様であるが，レバレッジ投資家のフローが為替レートに対する説明力・予測力を有すると結論づけている実証研究において，レバレッジ投資家のタイプ別の投資行動の違い等を踏まえた分析はほとんど無い。換言すれば，マーケット・マイクロストラクチャー理論は市場参加者の多様性を想定しているものの，多様性を具体的に定義づける作業はほとんど行われていない。

アセット・アプローチに基づくマクロ・モデルがランダムウオーク・モデルを有意にアウトパフォームできない中，為替レートに対する説明力・予測力を有するファクターを見出した点でマーケット・マイクロストラクチャー理論の貢献は大きいが，理論が想定する為替市場の構造が曖昧であるが故に，アセット・アプローチに基づくマクロ・モデルとの差別化が明確にできていない部分が残されている。本稿では，為替市場の構造を明らかにすることで，マーケット・マイクロストラクチャー理論が抱えるこうした問題を解決することを試みる。

3. 外国為替市場の構造と決定理論の関係

3.1 グロス・ベースの構造とネット・ベースの構造

フローの総体としての外国為替市場の構造は，ネット・ベースのものとグロス・ベースのものが考えられる。

為替レートの方向性への影響の観点からは，ネット・ベースの構造がより重要である。たとえば，円の外為取引が日本の輸出入に起因するものに限られ，すべての輸出（輸入）で円買い/外貨売り（円売り/外貨買い）が発生

↗ 市場への影響は基本的に中立である。

8) Lyons（2001）など。

するという状況を想定する。日本の2021年の輸出は82.3兆円，輸入は80.5兆円だったため，グロス・フローの規模は82.3兆円＋80.5兆円＝162.5兆円となる。もっとも，輸出に起因する82.5兆円の外貨売り/円買いの内80.5兆円分は，輸入に起因する外貨買い/円売りによって相殺されるため，実際に外為取引が発生するのは82.3兆円－80.5兆円＝1.8兆円分の外貨売り/円買いのみである。この1.8兆円がネット・フローとなる。以上のように，通常ネット・フローの規模はグロス・フローの規模よりもはるかに小さくなる（このケースではネット・フローはグロス・フローの1.1%）。

もっとも，フロー分析にマクロ・ファンダメンタルズの裏付けを与える観点からは，グロス・ベースの構造が重要である。たとえば，為替レートの輸出入への影響を分析する上では，ネットの貿易収支ではなく，グロスの輸出入との関係にフォーカスするであろう。したがって，より現実に即したモデルを構築するためには，ネット・ベースとグロス・ベース双方の構造を踏まえることが必要になるだろう。

また，各種フローと為替レートの関係を分析する上では，為替レートに影響を及ぼす可能性があるすべてのフローをモデルに含める必要がある。

たとえば，t期における日本の輸出が1兆円，輸入が2兆円，対内証券投資が10兆円の日本への資金流入，対外証券投資が10兆円の資金流出，短期のフロー（詳細については後述）が100兆円の円買いと円売りであったとする。ネットのフローは貿易赤字1兆円のみであり，これが同期における円の為替レートの方向性（その他の要因が一定であれば円の減価）を決めることになるが，結果的に発生したネットのフローのみに着目して以下のようなモデルで為替レートを説明することが適切でないのは明らかであろう。

$$\Delta S_t = \beta_1 + \beta_2 TB_t + \varepsilon_t \quad \text{（S＝円の為替レート，TB＝貿易収支）} \tag{1}$$

言うまでもなく，上のケースでt期のネットのフローが1兆円の貿易赤字分だけであったのは対内対外証券投資に絡むフローや短期のフローがネット・ベースで「偶々」ゼロだったからに過ぎず，これらのフローがネット・ゼロでなくなると，為替レートへの影響は大きく異なったものになり得る。たとえば，その他の条件を一定として対内証券投資が2兆円多ければ，ネットのフローは当初の1兆円の円売りから1兆円の円買いに転じる。こうした点を考慮すると，為替レートを説明するモデルは以下のように，外国為替市場を構成するさまざまなフローを包含している必要があろう。

$$\Delta S_t = \beta_1 + \beta_2 CA_t + \beta_3 KA_t + \beta_4 SF_t + \varepsilon_t \qquad (2)$$

（CA＝経常収支フロー，KA＝金融収支フロー，SF＝短期フロー）

以上は，適切なモデルを構築するためには，グロス・ベースで外国為替市場の構造を把握した上で，その時々のネットのフローを評価する必要があることを示している。

外国為替におけるマーケット・マイクロストラクチャー理論の主要な研究者であるリチャード・ライオンズは，外国為替市場のグロス・ベースの構造[9]について理解することは，適切な政策と適切な理論にとって重要と指摘している（Lyons 2001）。政策への影響に関して，たとえば，すべての外為取引に取引税を課す政策は，短期フローの大宗が投機であれば市場のボラティリティを低下させるというポジティブな効果をもたらすかもしれないが，大宗が実需の裏付けを伴うカバー取引であれば，企業や投資家にとっての取引コストを上昇させることによって，反対に経済にネガティブな影響を及ぼす可能性がある。

3.2　短期のフローと中長期のフロー

外国為替市場を構成するフローは，短期のフローと中長期のフローに分類

9) Lyons（2001）は「グロス・ベースの構造」という言葉は用いておらず，「外国為替市場の巨大な規模について」理解することは重要としている。もっとも，ここで言う「巨大な規模」が文脈からグロス・ベースの規模を指していることは明らかである。

できる。ここで，「短期」は可及的速やか（遅くとも1日以内）に反対売買が行われて市場への影響が中立化されるもの，「中長期」は1日を超えてポジションが維持されるものと定義する。短期の取引には，金融機関のトレーダーが顧客からの注文の執行等によって発生したポジションをスクエアにするために行う「カバー取引」や，アルゴリズムに基づく高頻度取引（High Frequency Trade: HFT）を含む短期的な投機などが含まれる。

他方，中長期的なフローは国際収支統計に計上される取引に起因する外為取引と，国際収支統計に計上されない取引（中長期の投機や各種ヘッジ取引など。以下「オフバランスのフロー」）に分類される。

フローが為替レートに及ぼす影響を論じる上では，タイムスパンを明確にする必要がある。上記の定義に基づくと，短期のフローはイントラデーの為替レートの動向には影響を及ぼし得るが，1日を超える期間の為替レートの動向への影響は中立と考えられる。本稿では，短期フローの影響を中立として，中長期的なフローが1日を超える期間の為替レートの動向に与える影響に着目する。このため，たとえばヘッジファンド等による投機のフローであっても，投機のタイムスパンによって扱いが異なり得る点に注意が必要である。具体的には，HFT等の短期的な投機は1日を超える期間の為替レートの動向に影響せず，1日を超える期間の為替レートに影響を及ぼし得るのは1日を超えてポジションがキャリーされるフローのみということになる。

3.3　外国為替市場の構造と為替レートの決定理論の関係

各種決定理論が想定する為替市場の構造は，大きく異なっていると考えられる。たとえば，同質的な投資家のフローが支配的であることを前提とするアセット・アプローチが想定する為替市場の構造は，図2に示したような極めて単純なものと考えられる。膨大な先行研究の蓄積にもかかわらず，アセット・アプローチがランダムウオーク・モデルを有意にアウトパフォームするモデルを生み出せていないことは，図2に示したような構造が実態とかけ離れているためとも考えられる。

図2　アセット・アプローチが想定する外国為替市場の構造

出所：筆者作成

図3　マーケット・マイクロストラクチャー理論が想定する外国為替市場の構造

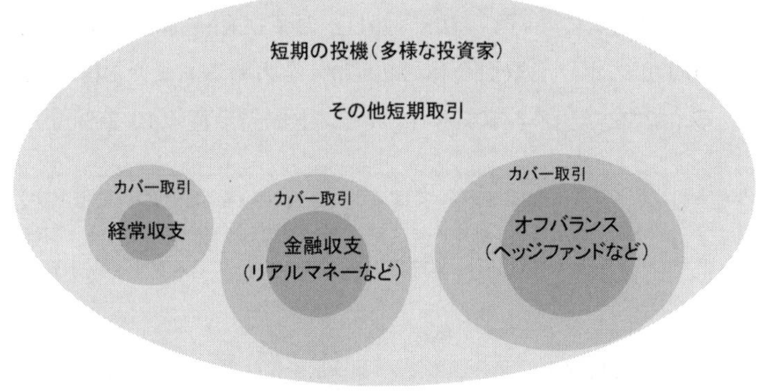

出所：筆者作成

これに対して，マーケット・マイクロストラクチャー理論は投資家の多様性と情報の不均一性を想定していることから，アセット・アプローチと比べて想定する外国為替市場の姿がより複雑であり（図3），フローの種類と規模が重要な意味を持ち得ると考えられる。

4. 円相場の構造

本節では円相場に関して，グロス・ベースとネット・ベースの構造を明らかにする。具体的には，図3で示した為替市場を構成するさまざまなフローがそれぞれどの程度の規模なのかを，関連データから推計する。

BISのTriennial Surveyによると，2019年4月の円の1日あたりの取引高は平均3,602億ドル[10]/日（40.2兆円[11]/日）であった。1ヶ月＝20営業日で計算すると，1ヶ月あたりの取引高は7.2兆ドル（804.2兆円）となる。他方，同月の国際収支由来のグロス・フローは，経常収支[12]が21.2兆円（スポットの取引高全体の2.6%），金融収支[13]が263.5兆円（同32.8%）であった。全体から国際収支由来のフローを引いた520兆円（全体の64.6%）に，オフバランスのフロー（中長期の投機やヘッジ取引など）と短期のフロー（カバー取引，短期的な投機など）が含まれると考えられる（図4）。

短期フローの内訳について，BIS（2011）およびKing and Rime（2012）によると，HFTがスポット取引全体の20–30%を占める。またBIS（2020）によると，執行アルゴリズム取引[14]はスポット取引全体の10–20%を占める。

---

10) スポットの取引高。Triennial Surveyではスポット（2019年の円は3,602億ドル），為替スワップ（同5,157億ドル），通貨スワップ（241億ドル），アウトライト・フォワード（1,453億ドル），通貨オプション（632億ドル）の5つのインスツルメントについて計数が利用可能。

11) 2019年4月の日次レートの平均で換算。

12) 貿易収支の「輸出」「輸入」，サービス収支，第一次所得収支，第二次所得収支の「受取」，「支払」の合計。内訳は貿易収支が12.9兆円，サービス収支が4.1兆円，第一次所得収支が3.4兆円，第二次所得収支が0.9兆円。

13) 直接投資「資産」および「負債」の「実行」・「回収」（計4系列），証券投資「資産」および「負債」の「取得」・「処分」（計4系列）の合計8系列の合計。

14) BIS（2011）によれば，「取引プロセスのいずれかの時点でアルゴリズムを用いた電子取引」がアルゴリズム取引であり，アルゴリズム取引には「取引戦略アルゴリズム」と「執行アルゴリズム」がある。執行アルゴリズムは顧客からの注文を市中で円滑に執行することを目的としたものであり，従来は金融機関のトレーダーが担っていた機能を代替するものと位置づけられる。

図4　グロス・ベースの円の取引高の内訳の推計（2019年4月）

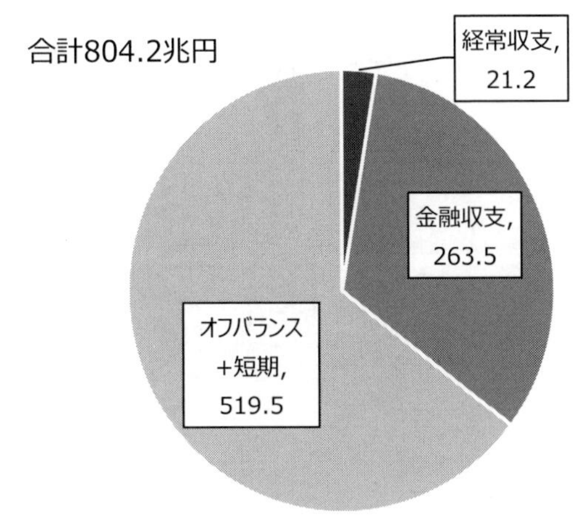

出所：筆者作成

本稿の分類では，HFTは短期的な投機，執行アルゴリズムはカバー取引に含まれる。HFTと執行アルゴリズムの合計で全体の約4割を占めるが（執行アルゴリズム以外のカバー取引を含めれば5割を超える可能性もある），これはグロス・ベースの円の取引のかなりの部分が，中長期的な為替レートの動向に影響を及ぼさない短期的な取引で占められていることを意味している。

図5はネット・ベースの円相場の構造をみたものである。Triennial Surveyにはネット・ベースの計数は存在しないので，ここではグロスの国際収支フローとネットの国際収支フローの比率（ネットがグロスの1.6%）をTriennial Surveyの数字（804.2兆円）に掛けることで，「ネット」のTriennial Surveyの規模（12.9兆円）を試算した。また，経常収支および金融収支の計数には棚瀬（2019）による試算を用いた[15]。棚瀬（2019）は，国際収支の各項目に

15) 経常収支，金融収支フローは，2012年1月～2022年10月のフローの絶対値の平均。当該データは月次ベースの振れが大きいため，2019年4月単月の数字よりも長期平均↗

図5　ネット・ベースの円の取引高の内訳の推計（2019年4月）

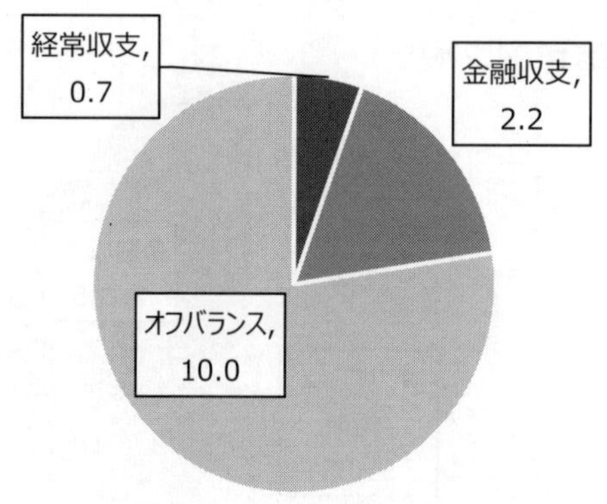

出所：筆者作成

ついて実際に外為取引が発生すると考えられる部分を抽出することによって[16]，経常収支，金融収支に起因する円の需給を推計している。また，円の名目実効為替レートと国際収支由来のフローの間に相関がみられた時期の両者の関係を用いて，その時々の円の名目実効為替レートの水準と整合的な円のフローを算出[17]，そのように推計されたフローと国際収支由来のフローの残差として，オフバランスのフローを推計している。

↗ を用いる方が適切と判断した。

16) 推計にあたりさまざまな前提を置いている点に留意する必要がある。たとえば，貿易収支については財務省が発表している「貿易取引通貨比率」を使用して外貨建ての輸出入を推計。第一次所得収支については，「再投資収益」は0%，「配当金・配分済支店収益」および「証券投資収益・債券利子」は80%，その他の部分は100%で為替取引が発生すると仮定している。これらの仮定は主として本邦企業・投資家へのヒヤリングに基づくものだが，その妥当性については検討の余地がある。

17) 具体的には，国際収支由来の推計フローと円の名目実効為替レートの36ヶ月ローリング相関が最も高くなる2016年1月までの36ヶ月間の相関関係から得られるパラメータを使用して推計。この期間の相関を用いる妥当性については検討が必要だが，当時は歴史的にみても国際収支由来のフローの規模が大きかったことから，国際収支由来のフローの為替レートへの影響も大きかった可能性がある。

図6　円相場のグロス・ベース／ネット・ベースの構造と実際の取引フローの関係（単位：兆円）

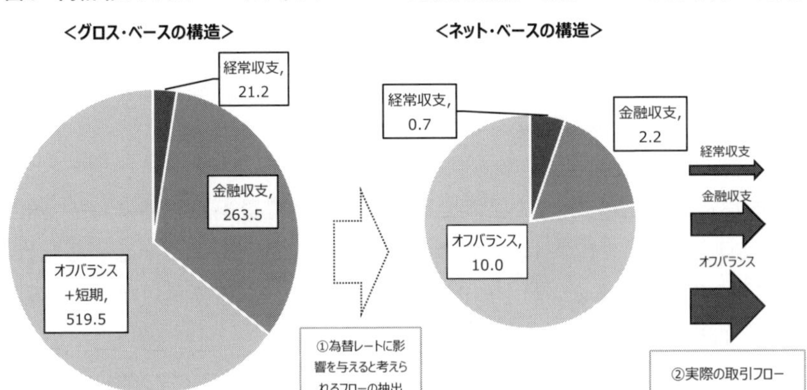

＊2022年10月までの数字を用いて推計。

出所：筆者作成

図5の特徴として，1）貿易など経常取引関連のフローのシェアが極めて小さい（全体の3%）ことと，2）金融収支を含めても国際収支関連のフローのシェアは全体の18%にすぎず，国際収支に反映されないフロー（オフバランスのフロー）が為替レートの決定に大きな影響を及ぼしている可能性が示唆されていることが指摘できる。国際収支由来のフローと円の為替レートの相関は低いが（棚瀬（2019）など），図5はこのこととも整合的である。

図6は上で検討した円相場のグロス・ベース，ネット・ベースの構造と，為替レートの動向に影響を及ぼす実際の取引フローの関係を示したものであるが，円相場を構成するフローで中長期的な為替レートに影響を及ぼし得るのは，経常収支由来のフロー，金融収支由来のフロー，オフバランスのフローと考えられる。経常収支由来のフローよりも金融収支由来およびオフバランスのフローの方が規模が大きいので，通常はこれらの影響が強いと考えられるが，偶々これらのネット・フローが小規模となる結果，一時的に経常収支由来のフローの影響が高まるケースも想定可能である。

以上を踏まえて構築される為替レートの決定モデルは，以下のようなものとなろう。

$$\Delta S_t = \beta_1 + \beta_2 CA_t + \beta_3 KA_t + \beta_4 OB_t + \varepsilon_t \quad (\mathrm{OB} = \text{オフバランスのフロー}) \tag{3}$$

式（3）は前出の式（2）に似ているが，説明変数から短期フロー（SF）が除かれた一方でオフバランスのフロー（OB）が加わっている。これは，本稿の分析対象である一日を超える期間の為替レートの動向に対して，短期フローは影響を与えないと考えられるためである。

式（3）は，国際収支に起因するフローの為替レートへの影響を分析している点で伝統的なフロー・アプローチに類似しているが，伝統的なフロー・アプローチでは国際収支由来以外のフローは分析の対象外としていることから，オフバランスのフローの影響を踏まえてフロー・アプローチを拡張したものとも捉えられる。

Lyons（2001）は，古典的なフロー・アプローチとマーケットマイクロストラクチャー・モデルの類似性を指摘しつつ，フロー・アプローチは国際収支由来のフローにのみフォーカスしており投機的なフローを想定していない点を，両者の違いとして指摘している。またLyons（2001）は，国際収支由来のフローが為替レートに影響を及ぼし得ることは認めつつも，これを市場で取引するか否かはトレーダーの判断なので，オーダーフローに着目すれば十分と主張している。たとえば，本邦輸出企業が製品の輸出によって得た外貨を円転するために100万ドル分のドル売り/円買いをA銀行に対して行ったとしよう。A銀行のトレーダーは100万ドル分のドル・ロング/円ショート・ポジションを保有することになるが，これをそのまま保有し続けた場合には外為取引は発生せず，為替レートにも影響を及ぼさない。また，金融機関のトレーダーは，国際収支由来のフロー以外にもさまざまなフローを取引しており，それらをネット・アウトしたオーダーフローのほうが，国際収支由来のフローよりも為替レートに対する説明力は高くなると考えられる。

Lyons（2001）の主張には一定の説得力があるが，インターバンク市場における最終的な需給のみに着目するというスタンスでは，（Lyons 自身が批判している）アセット・アプローチが想定する過度に単純化された為替市場の構造（図2）との差異を明示的に示すことができない。この意味で，式（3）のモデルはフロー・アプローチに対する Lyons（2001）の批判に答えつつ，マーケット・マイクロストラクチャー理論の弱点を補完するものと言えるかもしれない。

5. CLS データを用いた円相場の実証分析[18)]

本節では，前節で議論した円相場の構造を踏まえて，各種フローと円の為替レートの関係について実証分析を行う。フローのデータは，CLS が提供するデータを使用する。

5.1 CLS と CLS フロー・データ

CLS は，通貨の決済に時差が存在することに起因するリスク（所謂「ヘルシュタット・リスク」）を低減することを目指し，主要市場参加者の出資を得て開業した多通貨決済システムである[19)]。2002 年 9 月の稼働開始以降順調に取引を伸ばしており，現在ではその取引高は，BIS の Triennial Survey による為替市場全体の取引高の 3 割程度に達しているとみられる。

CLS が提供するフロー・データは，1）カバレッジと信頼性，2）ネット・フローのデータが利用可能である点，3）国際収支に反映されるフローとオフバランスのフローの双方をカバーしている点，4）実際に取引されたフローである点で優れている。

---

18) CLS に関する事実関係の確認にあたっては，平島圭志氏およびその他 CLS 関係者に多大なご協力を頂いた。深く感謝する。

19) CLS は Continuous Linked Settlement の略語から生まれた単語との説もあるが，現在の組織の正式名称は「CLS」であり，Continuous Linked Settlement という言葉は使用されていない。CLS は 2011 年以降に約定した 30 億件以上の外為取引に基づくデータを有しており，データへのアクセスを法人顧客に有償で提供している。

1）に関して，取引所が存在せず，取引の大部分が相対（OTC）でなされる為替市場については，然るべきカバレッジを備えた信頼できるデータが少ない。最もカバレッジが広く，信頼度が高いとみられているBIS Triennial Surveyは3年に一度しか公表されないため，サンプル数が極端に少ない。Triennial Surveyに次ぐカバレッジと信頼性を備えるFXCサーベイのデータでも頻度は年2回である[20]。他方，CLSデータはFXCデータに次ぐカバレッジを備えているにもかかわらず（両者の間には比較的強い相関関係がある），イントラデー・レベルのデータも利用可能である。

2）に関して，上述したように為替レートの方向性という観点からは，ネット・フローがより重要である。この点，Triennial SurveyとFXCサーベイではグロス・フローのデータのみが利用可能であるのに対して，CLSデータではグロスに加えてネット・フローのデータも利用可能である。

3）に関して，CLSのフロー・データは国際収支統計に反映されるフロー（機関投資家による海外証券投資など）とされないフロー（証券投資に紐付かない投機的な外為取引やさまざまなヘッジに伴うフローなど）の双方を含んでいるが，特にほとんど関連データが無いオフバランスのフローをカバーしている点が重要である。これにより，CLSデータは前出式（3）の3つの説明変数（経常収支に起因するフロー，金融収支に起因するフロー，オフバランスのフロー）をすべてカバーしていることになる。

CLSのフロー・データには，マーケット・メーカーのフローを反映する「sellside」と「buyside」の間の取引と，取引主体タイプ別系列である「fund」，「corporate」，「non-bank」の対銀行（大部分は「sellside」だが，一部「buyside」も含まれる）取引の二つのシリーズがある。「fund」には年金基金，投資信託（ミューチュアル・ファンド），SWF（ソブリン・ウェルズ・ファンド）などのフロー，「corporate」には事業法人などのフロー，「non-bank」には保険会社，ブローカー，クリアリングハウスなどのフローが含まれる。

---

20) 主要6か国（米国，英国，日本，シンガポール，カナダ，豪州）中銀が主催するForeign Exchange Committeeの略。

表2　CLSデータと国際収支統計の関係

		CLS				
		Sellside	Buyside**			
			others*	corporate	fund	non-bank
国際収支	経常収支					
	貿易収支			事業法人		
	第一次所得収支			事業法人		
	金融収支					
	証券投資		銀行他		年金，投資信託，SWF 他	保険会社他
	直接投資			事業法人		
オフバランス		銀行他	銀行他	事業法人	年金，投資信託，SWF 他	保険会社，ブローカー，クリアリングハウス他

* Buyside から corporate, fund, non-bank を除いたもの
** corporate, fund, non-bank には一部 buyside との取引が含まれるため，これら 3 系列と others の合計は必ずしも sellside とは一致しない
出所：筆者作成

「sellside」と，「buyside」の「fund」「corporate」「non-bank」以外の部分[21]（以下では「others」と呼称）は，大部分が銀行のフローを反映する。

表2は，CLS フロー・データと国際収支統計およびオフバランスのフローの対応関係を示している。日本の国際収支統計では投資家部門別の対外証券投資データが利用可能であるが，この内「信託銀行（信託勘定）」（年金基金によるフローのプロキシーと見做される）および「投資信託委託会社等」が「fund」に対応すると考えられる。他方，「生命保険会社」，「損害保険会社」が「non-bank」に，銀行等（銀行勘定）および信託銀行（銀行勘定）が「others」に対応すると考えられる。「corporate」には，経常収支由来のフロー（貿易

21)　「fund」，「corporate」，「non-bank」には規模は小さいとみられるが対「buyside」のフローも含まれるため，「buyside」の対「sellside」取引額と，「fund」，「corporate」，「non-bank」と「others」の合計額は必ずしも一致しない。

収支，第一次所得収支など）および金融収支・直接投資が対応すると考えられる。

CLSのフロー・データに対応するオフバランスのフローの大宗は，銀行によるカバー取引や機関投資家によるヘッジ等に関連する取引とみられる。たとえば，本邦投資家が新規の外国株式投資にあたって100万ドル分の米ドル買い/円売りを行った場合，これは国際収支統計に計上される外国株式投資と1対1の関係（100万ドル分の対外株式投資）にあるが，そのポジションをヘッジするための外為取引は国際収支統計に反映されない（したがって，こうした取引は表2の分類では「オフバランス」となる）。

また多くの場合，こうしたヘッジ取引は一回限りではなく，一つのポジションに対して複数回発生するケースが多いとみられる点に注意が必要である。たとえば，t期末に本邦投資家がスポット市場で100万ドル分のドル買い/円売りを行い，そのドルで米株を購入，100%為替ヘッジするケースを考えてみよう。為替ヘッジの手法はさまざまなものがあるが，ここではスポットでドル売り/円買いを行い，為替スワップで期間を延ばす方法を想定する。米株購入に充てた100万ドル分のドル買い/円売りは国際収支統計に計上される100万ドル分の対外株式投資に対応するが，その後に行われる為替ヘッジを目的とした100万ドル分のドル売り/円買いは，国際収支統計に反映されないオフバランスのフローとなる。米株を購入した1ヶ月後に米株が10%値上がりしたとすると，米株ポジションは110万ドルに拡大する。このうち為替リスクがヘッジされているのは100万ドル分のみなので，ヘッジ率を100%に維持するためには差額の10万ドル分について改めてスポットでのドル売り/円買い＋為替スワップのヘッジ取引を行う必要がある。さらにその1ヶ月後，今度は米株が20%下落したとすると，米株のポジションは99万ドルに縮小する。この時点でヘッジポジション（110万ドル）は11万ドル分の「オーバーヘッジ」となるため，ヘッジ率を100%に維持するためには11万ドル分のドル/円を買い戻してヘッジを解消する必要がある。こうしたヘッジ・ポジションの調整は「リバランス」と呼ばれるもので，ヘッジ戦略に大きな変更が無いのであれば，ポジションを保有している限り発生し続けることになる。

ヘッジ取引は「オフバランス」のフローであることから，対内対外証券投資に付随する外為取引は，「オフバランス」取引の方が国際収支統計に紐付いているものよりも規模が大きくなると考えられる。これは，対内対外証券投資のフローに付随して発生する外為取引が基本的に一回限り（証券投資ポジションの手仕舞いを含めれば2回）であるのに対して，ストックとしての投資ポジションのメンテナンス（為替ヘッジなど）に付随する外為取引は，ポジションを保有し続ける限り何度でも発生し得るためである。

財務省が発表している「本邦対外資産負債残高」によると，2021年末時点で日本は253兆円分の「株式・投資ファンド持分」の対外ポジションを保有していた。2021年末時点のドル/円為替レートは115円08銭であったことから，このポジションは米ドル換算では2.2兆ドルとなる。ここで，2021年末時点でヘッジ率を100%にしようとすると，先ず2.2兆ドル分のドル売り/円買いが発生する。ヘッジ率を100%に維持するために毎月末にヘッジのリバランスを行うとすると，2022年1月末時点で米株（S&P500指数）は2021年12月末から5.3%下落したことから，米株ポジションは2.08兆ドルに減少し，0.12兆ドル分がオーバーヘッジとなるため，ヘッジ率を100%に保つためには0.12兆ドル分のドル買い/円売りを行ってヘッジ・ポジションを減らす必要がある。2022年2月末にはS&P500指数は1月末からさらに3.1%下落したことから，ヘッジ率を100%に維持するためにはヘッジ・ポジションをさらに0.06兆ドル縮小させる必要がある（0.06兆ドル分のドル買い/円売り）。他方，3月末にはS&P500指数は2月末対比で3.6%上昇したことから，新たに0.07兆ドル分のヘッジ・ポジション（ドル売り/円買い）を造成する必要がある。このように，ポジションを維持する限り，ヘッジのリバランスのフローは米株の変動とヘッジ・ポジションの状況に応じて発生し続けることになる。

2005年〜2021年の「株式・投資ファンド持分」のネット・フローの絶対

図7　CLSの取引主体タイプ別フロー（ドル/円）

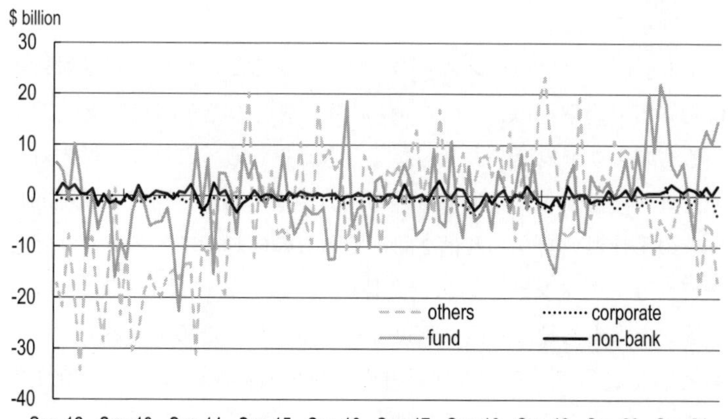

出所：CLSのデータより筆者作成

値の合計は74.9兆円であり，この部分が国際収支統計の「金融収支・証券投資」に対応する。他方，上述したように「株式・投資ファンド持分」の対外ポジションは253兆円であり，2005年〜2021年の米株（S&P500指数）の月次平均変動率は3.3%であった。これは，平均すると253兆円×3.3%＝8.3兆円のヘッジのリバランスが毎月発生することを意味しており，全期間の合計は8.3兆円×12ヶ月×17年＝1,693兆円にものぼる。この部分はすべてオフバランス・フローであり，外貨資産購入のための外為取引よりもヘッジのリバランス等「オフバランス」の外為取引の方がはるかに規模が大きいとの仮説は，ある程度の妥当性を備えていると考えられる。

図7はドル/円についてCLSの取引主体別のフローをみたものであるが，「fund」フローの規模が「corporate」に比べてかなり大きいことがわかる。「corporate」に反映される事業法人のフローは基本的に国際収支統計に計上される当初取引（輸出入や対外直接投資など）の額から大きく乖離しない一方で，上述したように「fund」のフローはオフバランス取引を含むため，そ

表3　タイプ別フロー間の相関（相関係数*）

	others	corporate	fund	non-bank
others		−0.13	−0.16	−0.13
corporate	−0.13		0.04	0.15
fund	−0.16	0.04		0.19
non-bank	−0.13	0.15	0.19	

*2012年9月～2022年3月の月次の相関
出所：CLSのデータより筆者作成

の規模は国際収支統計に反映される取引に比べて大きくなりやすいと考えられる。

表3は各フロー間の相関関係をみたものであるが，総じてみれば相関はあまり強くなく，為替レートの説明力が強いフローと弱いフローの存在が示唆されている。

最後に4）について，CLSデータでは実際に取引されたフローのみが計上される。国際収支統計には実際には外為取引が発生しない項目[22]も数多く存在するため，国際収支由来の為替フローを推計するためにはこの点を調整する必要がある（こうした調整の詳細については棚瀬（2019）参照）。他方，CLSデータでは実際に外為取引が生じたフローしか計上されないため，こうした調整を行う必要はない。

CLSが提供するデータを用いた実証研究が行われるようになったのは最近であり，今のところその数は多くない（Hasbrouck and Levish 2017, Ranaldo and Magistris 2019, Ranaldo and Somogyi 2021, Cespa et al. 2021など）。もっとも，上述したCLSデータの優れた特性に鑑みるに，今後当データを用いた実証研究が活発化する可能性は高いと考えられる。

22) 具体的には，円建ての輸出入，海外留保利益を計上する「第一次所得収支・直接投資収益・再投資収益」および「金融収支・直接投資・収益の再投資」，第一次所得収支・証券投資収益・債券利子の内再投資される部分，ヘッジ付き外債投資に関連する部分など。

図8　CLSデータの各取引主体のグロス・フローのシェア（ドル/円：2019年4月）

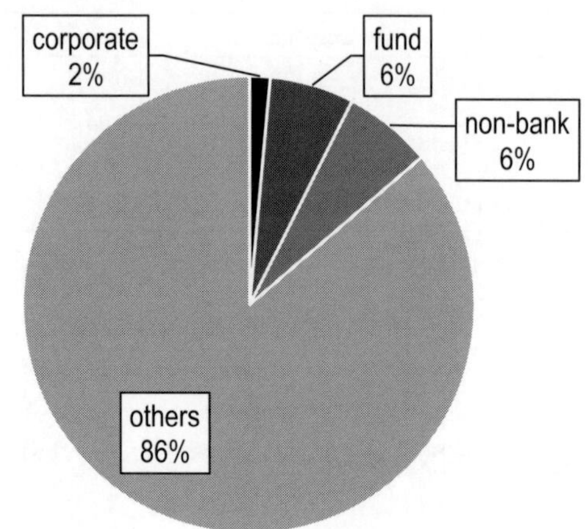

出所：CLSのデータより筆者作成

5.2　円相場の構造とCLSデータ

CLSデータと前節で提示した円相場の構造との間には，どのような対応関係がみられるであろうか。

図8，図9は2019年4月のグロス・ベース，ネット・ベースの各種CLSフローのシェアをみたものであり，図8が図4（円のグロス・ベースの構造），図9[23]が図5（同ネット・ベースの構造）にそれぞれ対応する。表2に示した国際収支とCLSデータの関係に照らすと，「corporate」は経常収支関連のフロー（貿易など）と金融収支関連のフロー（企業による対外直接投資など），「fund」と「non-bank」は金融収支関連のフローとオフバランスのフロー，「others」は金融収支関連のフロー，オフバランスのフローおよびカバー取引などの短期取引を含み得ると考えられる。

---

23)　ネット・フローの絶対値を用いて算出。但し，ネット・フローの方向性が区々であるため，合計のネット・フローの絶対値は4系列のネット・フローの絶対値の合計と合致しない。この点に鑑みて，分母には合計のネット・フローの絶対値ではなく，各系列のネット・フローの絶対値の合計を用いた。

図9　CLSデータの各取引主体のネット・フローのシェア（ドル/円：2019年4月）

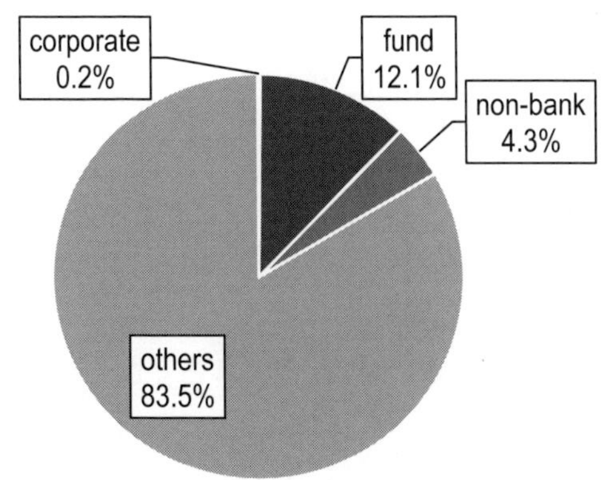

出所：CLSのデータより筆者作成

カテゴリーがオーバーラップする部分があることや図8，9にはマーケット・メーカー同士の取引が含まれていないことから図8，9と図4，5を直接比較することはできないが，金融収支由来のフローが経常収支由来のフローよりもはるかに大きいことなど，主要な特徴には類似性がみられる。また，ネットのフローの規模はグロスの1.7%であり，国際収支のケース（ネットがグロスの1.6%）に近い数字となっている。

5.3　実証分析：モデルと推定結果

CLSフローとドル/円為替レートの関係をみるために，以下のモデルについて最小二乗法による推定を行った。ここで，$\Delta lnUSDJPY$はドル/円為替レートの対数階差（月末/月末），説明変数はCLSデータの各主体別フロー（「others」，「corporate」，「fund」，「nonbank」）である。また，月次ベース（2012年9月～2021年3月）と日次ベース（2013年10月2日～2022年4月22日）のデータの双方について推定を行った（日次ベースの推定では日次ベースの対数階差を使用）。

表4　推定結果

		月次		日次	
		係数	標準誤差	係数	標準誤差
β1		−0.0044*	0.0025	0.0000	0.0001
β2	others	−0.0007***	0.0002	0.0000	0.0000
β3	corporate	−0.0067***	0.0015	−0.0018***	0.0004
β4	fund	0.0006**	0.0003	0.0003**	0.0001
β5	non-bank	0.0010	0.0014	0.0038***	0.0004
標本数		115		2205	
adj. R2		0.21		0.05	
D-W stats.		2.08		2.05	

*** は1%，** は5%，* は10%の信頼度で統計的に有意であることを示す。
月次データの期間は2012年9月～2022年3月。日次データの期間は2013年10月2日～2022年4月22日
出所：CLSのデータより筆者作成

$$\Delta lnUSDJPY_t = \beta_1 + \beta_2 others_t + \beta_3 corporate_t + \beta_4 fund_t + \beta_5 nonbank_t + \varepsilon_t \quad (4)$$

表4は推定結果である。「fund」フローは月次，日次のいずれでも符号要件を充たし，統計的に有意であった。「non-bank」は日次では符号要件を充たして統計的にも有意であったが，月次では符号要件を充たしたものの統計的に有意ではなかった。「others」と「corporate」は統計的には有意だが，符号要件を充たさなかった。

以上の推定結果は，銀行以外の金融機関（特にヘッジファンドなどのレバレッジ投資家）のオーダーフローが為替レートの説明力を有する一方で，企業のオーダーフローのリターンがしばしばマイナスであるとの，マーケット・マイクロストラクチャー理論に基づく実証分析の一般的な主張とも整合的である。

「fund」フローの内訳についての検証

表2が示すようにドル/円為替レートに対する説明力を有する「fund」フローには国際収支・金融収支由来のフローとオフバランスのフローの双方が含まれると考えられるが，「fund」フローのドル/円為替レートの説明力は，これらのうちどのフローに起因するものなのであろうか。この点を検証するために，以下のモデルについて推定を行った。

$$\Delta lnJPYNEER_t = \beta_1 + \beta_2 PIT_t + \beta_3 foreign_t + \beta_4 OB_t + \varepsilon_t \tag{5}$$

ここで，$\Delta lnJPYNEER$ は円の名目実効為替レートの対数階差（月末/月末），*PIT* は本邦年金基金，投資信託による対外証券投資[24]の合計，*foreign* は海外の年金，ミューチュアル・ファンドによる対内証券投資の推計値[25]であり，この二つの説明変数は国際収支由来のフローのプロキシーである。他方，*OB* はCLSの「fund」フローから年金，投信による対内対外証券投資の合計を除いた残差であり，オフバランス・フローのプロキシーである[26]。

表5は推定結果である。3種類のフローの内，符号要件を充たし且つ統計的に有意なのは，国際収支に反映されない「その他」フロー（オフバランスのフロー）のみである。この結果は，CLSの「fund」フローの為替レートの説明力の源泉は，国際収支統計に反映されないフローである可能性が高いことを示唆している。

---

24) 年金基金は財務省「対外及び対内証券売買契約等の状況」の「銀行等及び信託銀行（信託勘定）」，投資信託は同「投資信託委託会社等」。「対外及び対内証券売買契約等の状況」は国際収支統計・金融収支・証券投資よりも若干カバレッジが小さいが，歴史的に両者は同じような動きを示している。

25) 対内証券投資については投資家部門別の計数が利用可能でないので，対外証券投資全体における「銀行等および信託銀行（信託勘定）」および「投資信託委託会社等」のシェア（グロス・ベース）の2012年9月～2022年2月の平均（約22%）をネット・ベースの対内証券投資に乗じた数字を使用。

26) オフバランスのフローにはCLSを経由しないフローも相当程度含まれると考えられることから，この推計はオフバランス・フローの規模を過小評価している可能性がある。

表5　CLSの「fund」を構成する各種フローと円の名目実効レートの関係

		係 数	標準誤差
β1		−0.0069**	0.0030
β2	対外（年金＋投信）	0.0002	0.0004
β3	対内（年金＋投信）	−0.0003	0.0003
β4	その他	−0.0006**	0.0003
標本数	114		
adj. R2	0.08		

*** は1%，** は5%，* は10% の信頼度で統計的に有意であることを示す。
2012年9月〜2022年3月の月次データ
出所：筆者作成

6. まとめと今後の研究課題

本稿では，さまざまなフローの総体としての円相場の構造を明らかにした上で，国際収支由来のフローに加えて，国際収支に反映されないオフバランスのフローを考慮したモデルを提示した。これは，伝統的なフロー・アプローチに対するLyons（2001）の批判を踏まえた，フロー・アプローチの改良版とも言える。

次に，これを念頭に置いた上で，CLSのフロー・データを説明変数，ドル/円為替レートを被説明変数とするモデルについて推定を行った結果，年金，投信などの機関投資家によるフローを含む「fund」フローがドル/円為替レートに対する説明力を有することがわかった。また「fund」フローの内訳についての分析では，「fund」フローの中でドル/円為替レートの説明力を有するのはオフバランスのフローのみであり，国際収支統計に計上される年金や投信による対外対内証券投資は説明力を有さないことがわかった。これは，機関投資家の対外対内証券投資に関して，当初の証券投資に伴って発生する外為取引よりも，投資ポジションのヘッジ等に伴って発生する外為取引の累計額の方がはるかに規模が大きいことに起因している可能性がある。

今後の研究課題としては，ドル/円以外の通貨ペアについてもCLSのフロー・データを用いた分析を行い，どのフローが為替レートに対して説明力を有するかを検証することが挙げられる。こうした研究では，ドル/円で為替レートに対する説明力を有した「fund」,「non-bank」(日次のみ) フローはその他の通貨ペアでも説明力を有するのか，ドル/円で説明力を持たなかった「others」,「corporate」フローが説明力を有する通貨ペアは存在するのか，もしこれらのフローが説明力を有する場合その背景となっている要因は何か，などが主たる関心事となろう。

本稿では月次のデータを用いて各種CLSフローとドル/円為替レートの関係について分析したが，CLSフローと為替レートの因果関係は明らかにしていない。この点について，より高頻度のCLSデータを用いれば，CLSフローと為替レートの因果関係に関する分析が可能になるかもしれない。マーケット・マイクロストラクチャー理論に基づくいくつかの実証分析では，レバレッジ投資家のフローが為替レートに対する予測力を持つ一方で，企業のフローと為替の方向性の逆相関が報告されている。これをCLSフロー・データに敷衍すれば，因果関係は「fund」,「non-bank」のフロー→為替レート，および為替レート→「corporate」となっていることが想定されるが，高頻度CLSデータを用いてこの仮説の妥当性を検証することができるかもしれない。もっとも，CLSデータではヘッジファンドのフローの大部分がネット・フローのデータが利用可能でない「sellside」に計上されているため，為替レートへの影響を分析することができない。ヘッジファンドのフローは為替のフロー分析における主要な関心事であるが，これを分析するためにはCLS以外のデータが必要になろう。

参考文献

BIS Study Group established by the Markets Committee (2011), High-frequency trading in the foreign exchange market, BIS.

BIS Study Group established by the Markets Committee (2020), FX execution algorithms and market functioning, BIS.

Cespa, G., Gargano, A., Riddiough, S.J. and Sarno, L. (2020), Foreign Exchange Volume, *CEPR Discussion Paper No. DP16128*.

Hasbrouck, J. and Levish, R.M. (2017), FX Market Metrics: New Findings on CLS Bank Settlement Data, *NBER Working Paper Series 23206*.

King, M., Osler, C. and Rime, D. (2011), Foreign exchange market structure, players and evolution, *Norges Bank Working Paper*, no. 10.

King, M., Osler, C. and Rime, D. (2013), The market microstructure approach to foreign exchange: Looking back and looking forward, *Journal of International Money and Finance*, 38: 95–119.

Lyons, R.K. (1995), Tests of microstructural hypothesis in the foreign exchange market, *Journal of Financial Economics*, 39: 321–351.

Lyons, R.K. (2001), *The Microstructure Approach to Exchange Rates*, The MIT Press.

Meese, R.A. and Rogoff, K. (1983), Empirical exchange rate models of The Seventies, *Journal of International Economics*, 14: 3–24.

Neely, C.J. and Sarno, L. (2002), How Well Do Monetary Fundamentals Forecast Exchange Rates? *Federal Reserve Bank of St. Louis Review*, 84: 51–74.

Osler, C.L. and Vandravych, V. (2009), Hedge Funds and the Origins of Private Information in Currency Markets, Available at SSRN: https://ssrn.com/abstract=1484711 or http://dx.doi.org/10.2139/ssrn.1484711.

Ranaldo, A. and Somogyi, F. (2021), Asymmetric information risk in FX markets, *Journal of Financial Economics*, 140: 391–411.

Ranaldo, A. and Magistris P.S. (2019), Trading Volume, Illiquidity and Commonalities in FX Markets, *Working Papers on Finance 18/23*, University of St. Gallen, School of Finance, revised Oct. 2019.

棚瀬順哉（2019），『国際収支の基礎・理論・諸問題　政策へのインプリケーションおよび為替レートとの関係』財経詳報社.

Summary

Structure of Foreign Exchange Market and its Implication on Theory: Analysis of Japanese Yen Market by Using CLS Flow Data

Junya Tanase (Graduate School of Economics, Gakushuin University,
Ministry of Finance, Japan)

Despite numerous previous researches analyzing determinants of exchange rates, there is no academic consensus on it. This is mainly because some theories assume unrealistic FX market structure and/or lack of relevant data. Given that, this paper is intended to reveal the structure of foreign exchange market and by using new dataset (CLS flow data), to set out a course for creating a model which better reflects the reality of foreign exchange market.

書評

関下稔『知識資本の時代』(晃洋書房，2023年)

聖心女子大学　古川　純子

知識資本の時代の到来

付加価値を生み出す産業が，製造業から知識経済へといま移行している。その移行は産業の高度化というだけではなく，経済のしくみを根本から変える可能性を秘めた現象である。旧来の有体物の概念で分析しようとすると，何かがはみ出し，何かがつかめずに成り立たず，得体が知れない変化でもある。同時に，現在は20世紀の国際秩序と製造業の世紀を支えたアメリカの覇権が後退していく時期にも当たり，その後がどうなるのかについても予見が利かない。本書は，長年様々な角度から現代世界経済論の分析を積み重ねてきた顕学が，この大きな変化を捉えるべく7年の歳月をかけて挑戦したダイナミックな大著である。

本書の構成と特色

本書は3部構成である。第1部「時代の転換を見つめる」では，ICT（Information and Communication Technology）が入り込み始めた製造業について論じた。第1章「2015年は新しい時代の始まりか」で本書の問題意識を整理し，第2章「IoTを巡るドイツとアメリカと日本」，第3章「岐路に立つ日本製造業の複合戦略」は，技術力のある中小企業を底上げし大企業と足並みを揃えさせて全国的なIoT（Internet of Things）を推進したドイツの産業政策「Industry 4.0」，「知財王国」としてデータを利潤源泉とする効率性追求型のIoTを強化するアメリカ，知財化・対外進出・国内回帰のいずれも中途半端に終わった日本を対比し，日本の遅滞の現状と原因をさらに詳しく考察した。

第2部「知識資本主義の諸相」はこの本の主題である知識資本を正面から扱った。第4章「クリントン＝ゴアチームの知財重視と情報スーパーハイウェイ構想が切り開いた世界」では，「国益の中での科学」の思想に基づいてサービス化・知財化・情報化を国家目標に置いたアメリカの科学技術戦略を論じた。知的財産が巨額の富の源泉となる中で，知財の保護と公開という正反対のベクトルをどう整理するのが最良か。OTA（米議会技術評価局）の1986年の報告書に基づき，アカデミアのフェアユース，ソフトウェアのリバースエンジニアリングという知の共有という意味では必要な考え方が，営利目的では他者の知識流用となる難しさや，OTAの緒提案など，今後の知的財産権の保護を考える上で重要な考え方を整理した。複製が容易でかつ劣化を起こさないデジタル技術がこの問題を複雑にするが，デジタル時代の知的財産権の議論は緒についたばかりであり，発展途上の概念であることも示唆している。

第5章「グローバルスタンダード」では，ネットワーク外部性が働く知識資本の世界では，グローバルスタンダード（国際標準）を獲得することが勝敗の決定的な分かれ目になるが，アメリカ知財企業と国家の意思が一致し，ヘゲモニーを駆使してグローバルスタンダードを確立・展開してきた戦略を詳述した。第6章「多国籍製薬産業とグローバルスタンダード」では，製薬産業と一般製造業との差異に着目した。知的協働の研究開発から生み出された知識を物的な財貨（薬品）で直接具現化するという創薬は，コト作りとモノ作りが結合している点で，また政府によって特許と専一的販売権という「二重の独占」が保証され，グローバルスタンダードを確立してきた点で，知財優位，標準重視という知識資本全体の解明に役立つ事例と見て，その特有な理論構造の解明を行った。

第7章「知識労働と知識労働者（STEM）」では，コンテンツの二次，三次使用により追加的収入が発生したときに累積的な巨額収入を得る一握りのabove the line（利益参与者）と，そうではない大多数のbelow the line（非参与者）に分けられる映画産業に例をとり，知識産業の労働環境が生み出す格差を検証した。

第8章と第9章は，「GAFAMの深層を探る，有力諸説の検討その1」と「同その2」として，ラナ・フォルーハーの『邪悪におちたGAFA』，ショシャナ・ズボフの『監視資本主義』，マイヤー＝ショーンベルガーの『知識資本主義』『ビッグデータの正体』，ブランダイス学派のティム・ウーとリナ・カーンの著作と論文など，この分野の必須文献を厳選して依拠し，プラットフォーム経済とは何かをつかんだ。第10章「インターネット産業の興隆の『ニューモノポリー』の出現」は本書の最も重要な章であり，クスマノらの『プラットフォームビジネス』を基に，成功するプラットフォーマーは17%に過ぎないとはいえ，「控えめな仲介者から全能の支配者にのし上がった」プラットフォーマーの存立メカニズムを探った。

その上で，第2部を総括する著者自身の考察として，出現しつつある知識産業とは，プラットフォーマー，広告会社，マスメディアという3つの頭が，下位に製造業と通信ネットワークを包摂するコングロマリット型の「ニューモノポリー」であり，従来のサービス産業の範疇には収まらない。これは，物質財貨とサービス提供を，無形物の創造と価値増殖という知識産業の原理の下に総合する21世紀型の新しい産業形態であり，その特徴は，多分野に利益源泉を持つ複合型企業形態，ネットワーク外部性による一人勝ち，個人データの独占的取得を通じた「人格の商品化」によって価値創造が行われていることにあると喝破する。

第3部「経済制裁と人権外交」では，国家間のパワーゲームの武器として用いられる経済制裁の国際政治経済学に話題が移る。第11章「トランプの『貿易・投資・知財戦争』と中国の反応」，第12章「経済制裁の国際政治経済学」では，かつては背後に控えていた経済制裁という外交の武器が，頻度高く前面で使用される現象を論じた。先進技術とモノ作りで補完関係にあった米中のバランスが，中国の労働コストの上昇と，アメリカの中産階級の没落の中で崩れつつあり，アメリカの知財を得て先進国に脱皮する必要がある中国と，中国の資本は欲しいが技術は渡せないというアメリカとの衝突は激しさを増す。アメリカ政府は，輸出管理や外国為替の監視・規制に，アメリカ企業との取引やアメリカ金融システムで行う取引という条件を入れることで国外適用を合法化し，アメリカ資本に惹きつけられてくる外国企業に「司法の長い手」を伸ばしている。経済制裁の外交としての効果が30%程度であるにも関わらず，これほど多用される真の目的は，実利としての制裁金・罰金である可能性をも指摘した。グローバリゼーションを反転させ，時に気まぐれにも見えるこの非軍事的攻撃のやり方は，道義的退廃を孕んでおり，かつて理想を高く掲げたアメリカのヘゲモニーとしての品格の低下を示してもいる。このため，人権外交を声高に謳っても国内外から暴君の偽善としか捉えられない現状に，アメリカの衰退の顕在化を読み取ることができる。第13章「バイデン政権の対中制裁の強化と中国の応酬」では，中国の製造力増強を止め，ヘゲモニーの優位を維持するために，アメリカが必須と考える対中制裁の中核である半導体製造技術の国際的サプライチェーンの構造を詳述し，アメリカによるこの経済制裁の帰趨を予想した。

知識資本の時代への本書の貢献

知識資本の時代を読み解く本書の主眼は2つある。第1は，ICTの出現によって有体物から無形の知識へと資本が変化していくことで，資本の運動がどう変化していくのかという点である。第2は，20世紀のヘゲモニーとして国際レジームを支配したアメリカの衰退を明示的に考察する時期が到来したという認識である。

著者は，新しい時代区分と新たな資本主義を総括しようとする大きな視野と，続出する諸現象の細部にまで目を凝らす精緻さとを保ちつつ，物事の本質をぶれずに見極めるその判断が極めて的確である。特に，産業の知財化と知的財産権の可塑性（第4章），プラットフォームにおける知識資本の運動（第10章），知財を用いた経済制裁という非軍事的紛争の中で見せるアメリカの衰退（第12章）は，これからの「知識資本の時代」を考える上で必須の考察である。

また，冷徹なまでに現実主義的な分析で裏付けながら，この現代世界経済が行きつく先には，人々が連帯し技術の成果と富を分かち合い繁栄していく人類社会の出現を確信する理想主義を垣間見せることも，著者のもう一つの特徴である。「資本主義の貪欲さ，強欲さには限りがないことを思い知らされ」ても，「人間の知的創造能力の発揮は本来，平等的，対等的，協働的，相互作用的であって，決して上下関係や支配–従属関係，つまりは強制で括られるもの」であってはならず，「相互信頼に基づく，真摯で謙虚な人間関係，個々の独創性を尊重しながらも，その相互利用・活用を拒否しないばかりか，積極的に奨励」しようとしたWorld Wide Web（WWW）やLinuxの思想への共感を示す（244頁）。草の根民主主義から反戦と人権を重視する新しい時代が必ず来るという，信念に似た著者の確信が伝わってくる。しかし，どうやってそこにたどり着くのか，どうやってICT開発黎明期の純粋な思想を復活させるのかという理想への道のりを示せてはいない。

思えば，西洋文明の勃興を支えた羅針盤，火薬，活版印刷などの技術革新は中国起源のもので，欧州が中世の暗黒の中で煮詰まっていった頃に栄えた宋のイノベーションであった。だとすればアメリカ発の技術革新が，アメリカ衰退後の非アメリカ地域で新しい時代を拓くことはあり得る。しかし著者が確信する民主的な知識資本主義や世界の連帯を描くには，目の前の淵はあまりに暗い。知財を扱うグローバル企業の独占利潤の追求や，際限のない個人データの採取によるプライバシーの侵害，ロシアとアラブと中国との三正面作戦に突入しかねないアメリカ，グローバルサウスの覇者を狙う新興国首脳の水面下の合従連衡など，西洋が築いた8世紀間の文明と，直近100年を担ったアメリカの20世紀が，大きく実り，かつ整理と集大成に入りつつあることは間違いない。

ICTが，汎用AIやゲノム的個人情報取得という次の段階に進むいま，囁かれる危機に思うことは，技術の進歩に人間の精神の進歩が釣り合っていないということである。近代が依拠した精神と物質の二分法は，科学的思考を大いに前に進めることに成功したが，我々は，それを創造し使用する人間の精神をそれに見合う速度で前進させる努力をしてきただろうか。技術はただ，創造者である人間の思考を素直に増幅するように働く。信頼やつながりを増幅することもできるが，強欲や支配や残忍さを増幅することもできる。

知識資本という無形の財は物質よりも精神に似る。その意味でも精神のあり方に立ち戻ることが，著者の理想に向かう道の出発点になるのではないかというインスピレーションを受けた。

会　報

日本国際経済学会　第81回全国大会

日本国際経済学会第81回全国大会は，2022年10月1日（土）・2日（日）の2日間にわたって近畿大学にて開催されましたが，新型コロナウイルス蔓延の影響により，春季大会に引き続き，対面とオンラインのハイブリッド方式での実施となりました。共通論題では，環境・資源・災害のリスクと国際経済について活発な議論がなされました。具体的なプログラム内容は以下の通りです。なお，ハイブリッド開催を円滑に運営するため各セッションには座長に加え，副座長を設定しました。また，報告者の後に（**E**）がついている場合は英語で報告が行われたことを，また（**J**）が付いている場合は求職活動の一環として報告が行われたことをそれぞれ表しています。

大会第1日目

午前の部　自由論題／企画セッション（**9:50～11:30**）

第1分科会　国際貿易（理論）I

座　長　石川 城太（学習院大学・一橋大学）
副座長　柴田 孝（大阪商業大学）

Tariff policies with firm heterogeneity and variable markups
　　報告者　田所　篤（京都大学）
　　討論者　荒　知宏（福島大学）

The effects of R&D subsidies for joint R&D in a vertically related industry
　　報告者　川越　吉孝（京都産業大学）
　　討論者　小森谷　徳純（中央大学）

第2分科会　English Session: Foreign Direct Investment

座　長　Hyeog Ug KWON（Nihon University）
副座長　Keisaku Higashida（Kwansei Gakuin University）

The proximity-concentration tradeoff in the presence of downside risk
　　報告者　Navruz KHOTAMOV（Kyoto University）（**J**）

推薦者　Naoto JINJI（Kyoto University）

討論者　Konstantin KUCHERAVYY（University of Tokyo）

Does outward foreign direct investment improve the performance of domestic firms? Case of Korea

報告者　Sunghyun KIM（Sungkyunkwan University）

討論者　Fukunari KIMURA（Keio University）

第3分科会　English Session: Regional Integration

座　長　Mitsuyo ANDO（Keio University）

副座長　Takeshi Hoshikawa（Kindai University）

The UK-Korea and UK-Japan trade: developments and impacts of FTAs in light of Brexit

報告者　Agata WIERZBOWSKA（Kobe University）

討論者　Kiyomi SUZUI（Kyoto Sangyo University）

Global value chains and the determinants of regional trade agreements

報告者　Haoliang ZHU（Doshisha University）（**J**）

討論者　Kenta YAMANOUCHI（Kagawa University）

第4分科会　グローバルバリューチェーン

座　長　藤井 孝宗（高崎経済大学）

副座長　丸山 佐和子（近畿大学）

Firm's fixed investment and global value chain position: Evidence from China's value-added tax reform

報告者　楊　起中（東洋大学）

討論者　小橋　文子（青山学院大学）

デジタル化と自動車産業—CASEとMaaSと関連させて—

報告者　石田　修（九州大学）

討論者　竹野　忠弘（名古屋工業大学）

第5分科会　アジア経済①

座　長　田中 綾一（駒澤大学）

副座長　田淵 太一（同志社大学）

米金融政策正常化と日本円為替レートの一考察～円ドルレートと対アジア通貨

報告者　赤羽　裕（亜細亜大学）

討論者　岩壷　健太郎（神戸大学）

昼　食	11:30～13:20
理事会	11:40～12:40
会員総会	13:20～13:50
学会賞授与式・受賞者記念講演	14:00～15:00

第17回小島清賞研究奨励賞・受賞記念講演

日本企業の国際化と企業パフォーマンスの実証分析
　　伊藤　恵子（千葉大学）

午後の部　共通論題（15:10～18:40）

共通論題　環境・資源・災害のリスクと国際経済

座　長　石川 城太（学習院大学・一橋大学）／山形 辰史（立命館アジア太平洋大学）

副座長　井出 文紀（近畿大学）／福井 太郎（近畿大学）

新国富指標，COVID19と国際貿易
　　報告者　馬奈木　俊介（九州大学）
　　討論者　中西　訓嗣（神戸大学）

国境炭素調整の理論と制度
　　報告者　蓬田　守弘（上智大学）
　　討論者　小橋　文子（青山学院大学）

新興国ブラジルの農業・食料分野にみられるリスクとその対応
　　報告者　佐野　聖香（立命館大学）
　　討論者　道田　悦代（ジェトロ・アジア経済研究所）

大会第2日目

午前の部 自由論題／企画セッション（**9:30〜12:00**）

第6分科会	English Session: Trade and Labor
座　長	Naoto JINJI（Kyoto University）
副座長	Hiroyuki Nishiyama（University of Hyogo）

Does immigrant cause Japan prefectures' economy to diverge? Evidence from geographically weighted panel regression

報告者　LUONG Anh Dung（Kobe University）
推薦者　Yoichi MATSUBAYASHI（Kobe University）
討論者　Mototsugu FUKUSHIGE（Osaka University）

Characterizing migration-promoting deep trade agreements: A clustering-based approach

報告者　Xin CEN（Kyoto University）（**J**）
推薦者　Naoto JINJI（Kyoto University）
討論者　Kenta YAMANOUCHI（Kagawa University）

Unionization, industry concentration, and economic growth

報告者　Colin DAVIS（Doshisha University）
討論者　Tetsugen HARUYAMA（Kobe University）

第7分科会	English Session: International Trade (Empirical Analysis) ①
座　長	Banri ITO（Aoyama Gakuin University）
副座長	Sawako Maruyama（Kindai University）

Heterogeneous internal trade cost and its implications in trade

報告者　Han ZHENG（Hitotsubashi University）（**J**）
討論者　Akira SASAHARA（Keio University）

The impact of trade on resource reallocations with production networks

報告者　Daisuke FUJII（University of Tokyo）
討論者　Daisuke MIYAKAWA（Hitotsubashi University）

Wage markdowns and FDI liberalization

報告者　Yoichi SUGITA（Hitotsubashi University）【Oda Prize】
討論者　Toshiyuki MATSUURA（Keio University）

第 8 分科会　English Session: International Finance, International Macro Economics ①
座　長　Junko SHIMIZU（Gakushuin University）
副座長　Takeshi Hoshikawa（Kindai University）

Financial integration, excess consumption volatility and the role of world real interest rate

報告者　Haruna YAMADA（Hitotsubashi University）

推薦者　Takashi KANO（Hitotsubashi University）

討論者　Hidehiko MATSUMOTO（National Graduate Institute for Policy Studies）

Downward nominal wage rigidity, fixed exchange rate, and unemployment: The case of dollarization with a binding minimum wage

報告者　Jae Bin AHN（Seoul National University）

討論者　Hideaki OHTA（Ritsumeikan University）

The role of global liquidity in the term structure of interest rate

報告者　Dong Heon KIM（Korea University）

討論者　Taiyo YOSHIMI（Chuo University）

第 9 分科会　English Session: Development Economics
座　長　Naoko SHINKAI（Tsuda University）
副座長　Keisaku Higashida（Kwansei Gakuin University）

How Japan uses development finance strategically: An analysis of Japan Bank for International Cooperation

報告者　Shu FUKUYA（Johns Hopkins University）

討論者　Shujiro URATA（Waseda University）

Prediction errors of macroeconomic indicators and economic shocks for ASEAN member states, 1990-2021

報告者　Masahito AMBASHI（Kyoto University）

討論者　Junhyung KO（Aoyama Gakuin University）

Rise and fall of new technology: Quasi-experimental evidence from a developing country

報告者　Yasuyuki SAWADA（University of Tokyo）

討論者　Mari TANAKA（Hitotsubashi University）

第10分科会　企画セッション「米中摩擦の政治経済学——テクノロジーをめぐる覇権争い」
座　長　森原 康仁（専修大学）
副座長　板木 雅彦（立命館大学）

米中ハイテク摩擦と半導体産業の技術デカップリング

報告者　近藤　信一（岩手県立大学）

討論者　中川　涼司（立命館大学）

科学技術領域にみる米中デカップリングの現状

報告者　松村　博行（岡山理科大学）

討論者　藤木　剛康（和歌山大学）

米中経済のデカップリングとアメリカ製造業の「復活」

報告者　井上　博（阪南大学）

討論者　山縣　宏之（立教大学）

昼　食　　12:00〜13:40

理事会　　12:10〜13:10

会員総会　　13:40〜14:10

午後の部　自由論題（**14:20〜16:50**）

第11分科会　国際貿易・理論②
座　長　寳多 康弘（南山大学）
副座長　稲葉 千尋（関西外国語大学）

国際的なアウトソーシング，失業，および経済厚生

報告者　清水　隆則（兵庫県立大学）

討論者　斎藤　佑樹（中京大学）

Local migration, R&D policy and international trade

報告者　田場　弓子（二松学舎大学）小島清賞優秀論文賞受賞者

討論者　古澤　泰治（東京大学）

Trade costs, infrastructure, and dynamics in a global economy

報告者　柳瀬　明彦（名古屋大学）

討論者　古川　雄一（中央大学）

第 12 分科会　国際貿易・実証②
座　長　黒川 義教（筑波大学）
副座長　丸山 佐和子（近畿大学）

Effect of trade restrictive provisions with due-diligence on bilateral trade flows: The case of the US regulation on conflict minerals

報告者　東田　啓作（関西学院大学）
討論者　清田　耕造（慶應義塾大学）

Defying gravity: The role of intermediaries for cross-border mergers and acquisitions

報告者　伊藤　萬里（青山学院大学）
討論者　稲田　光朗（宮崎公立大学）

Why inward FDI in Japan is so low? An insight from machine learning

報告者　清田　耕造（慶應義塾大学）
討論者　神事　直人（京都大学）

第 13 分科会　国際金融・マクロ②
座　長　高屋 定美（関西大学）
副座長　星河 武志（近畿大学）

為替市場の構造と理論への含意：CLS データを用いた円相場の検証（論文）

報告者　棚瀬　順哉（財務省）
討論者　小川　英治（東京経済大学）

国際資金循環における中国と米国のミラーイメージ

報告者　張　南（広島修道大学）
討論者　岩本　武和（西南学院大学）

第 14 分科会　貿易政策
座　長　武智 一貫（法政大学）
副座長　斉藤 宗之（奈良県立大学）

Technical barriers to trade, product quality and trade margins: Firm-level evidence

報告者　張　紅詠（経済産業研究所）
討論者　井尻　直彦（日本大学）

The European Union’s safeguard for rice imports from Cambodia and Myanmar

報告者　田中　清泰（ジェトロ・アジア経済研究所）
討論者　久保　公二（学習院大学）

(Un)intended consequences of a proliferated antidumping

報告者　武智　一貴（法政大学）

討論者　田中　清泰（ジェトロ・アジア経済研究所）

第15分科会　アジア経済②

座　長　渡邉 正（兵庫教育大学）

副座長　新宅 公志（広島修道大学）

日本の農林水産物輸出額の決定要因：時系列と横断面データによる実証分析

報告者　作山　巧（明治大学）

討論者　前野　高章（日本大学）

ASEANに対する中国の直接投資効率と影響要因の研究

報告者　張　璟霞（滋賀大学博士課程）

推薦者　小倉　明浩（滋賀大学）

討論者　大川　良文（京都産業大学）

日本国際経済学会　第12回春季大会

日本国際経済学会第12回春季大会は，2023年6月3日（土）に奈良県立大学にて開催されました。大会は全国大会含め3年半ぶりに対面形式のみでの開催となりましたが，当日は悪天候による交通機関の運休等のためプログラム変更を余儀なくされました。以下は，当日の変更内容を併記したプログラムです。なお，報告者の後に（**E**）がついている場合は英語で報告が行われたことを，また（**J**）が付いている場合は求職活動の一環として報告が行われたことをそれぞれ表しています。

午前の部 **（10:00～12:30）**

分科会A　English session

Chair　Akihiko Yanase（Nagoya University）

A-1　~~Trade with Search Frictions: Identifying Sources of Firm Heterogeneity~~（分科会Hへ移動）

報告者　Tomohiro Ara（Fukushima University）

討論者　Akihiko Yanase（Nagoya University）

A-2　Optimal R&D Subsidies, Industry Location, and Productivity Growth

報告者　Colin Davis（Doshisha University）

討論者　Takanori Shimizu（The University of Hyogo）

分科会 B　English session
Chair　Naoto Jinji（Kyoto University）

B-1　What Prompts the Central Bank of Taiwan to Intervene in the Foreign Exchange Market?
　報告者　Rong-An Chou（Kyoto University）
　推薦者　Akihisa Shibata（Kyoto University）
　討論者　Takeshi Hoshikawa（Kindai University）

B-2　~~Non-tariff measures and production network: Sectoral analysis on Japanese trade~~
（悪天候のため報告キャンセル）
　報告者　Kunhyui Kim（Nagoya University）
　討論者　Sho Haneda（Nihon University）

B-3　Trade-Innovation Alignment and Economic Growth
　報告者　Hyeok Jeong（Seoul National University）
　討論者　Naoto Jinji（Kyoto University）

分科会 C
座　長　福重 元嗣（大阪大学）

C-1　Revisiting the Sources of U.S. Imbalances: Wavelet Approach
　報告者　高　準亨（青山学院大学）
　討論者　大野　早苗（武蔵大学）（福重元嗣氏による代読）

C-2　Disentangling Country Fixed Effects in the Structural Gravity Model for Foreign Direct Investment: A Machine Learning Approach（**J**）
　報告者　Xin Cen（京都大学）
　推薦者　神事　直人（京都大学）
　討論者　増田　淳矢（中京大学）

C-3　~~コロナ禍下の財政拡大と公的債務不履行・再編の実証分析 ―債務問題への処方箋としての証券・資本市場育成―~~（悪天候のため報告キャンセル）
　報告者　木原　隆司（NIRA 総合研究開発機構）
　討論者　澤田　康幸（東京大学）

分科会 D
座　長　伊藤 恵子（千葉大学）

D-1　~~外資企業による日本企業の M&A 効果~~（悪天候のため報告キャンセル）
　報告者　田中　清泰（アジア経済研究所）
　討論者　伊藤　恵子（千葉大学）

D-2　The Value Added-Exports Puzzle and Global Value Chains
報告者　黒川　義教（筑波大学）
討論者　早川　和伸（アジア経済研究所）

昼　食　　12:30～14:30

理事会　　12:50～14:00

午後の部（14:30～17:00）

分科会E
座　長　木原　隆司（NIRA総合研究開発機構）／福重　元嗣（大阪大学）

E-1　コロナ・ショック後のアジア諸国の金融政策と為替レート
報告者　羅　鵬飛（摂南大学）（小川　英治（東京経済大学））
討論者　木原　隆司（NIRA総合研究開発機構）

E-2　人民元・東南アジア通貨の資金・決済環境の変化が企業の通貨選択に及ぼす変化
報告者　富澤　克行（学習院大学）
推薦者　清水　順子（学習院大学）
討論者　吉田　裕司（滋賀大学）

E-3　日本企業の貿易建値通貨選択―税関データを集計した各国別インボイス通貨シェアからわかること―
報告者　清水　順子（学習院大学）
討論者　小川　英治（東京経済大学）

分科会F　English session
Chair　Banri Ito（Aoyama Gakuin University）

F-1　Immigration, imports, and (im)mutable Japanese labor markets
報告者　Akira Sasahara（Keio University）
討論者　Lianming Zhu（Osaka University）

F-2　The Impact of policy uncertainty on foreign direct investment in services: Evidence from firm-level data and the role of regional trade agreements
報告者　Mitsuo Inada（Miyazaki Municipal University）
討論者　Akira Sasahara（Keio University）

F-3　Determinants and Predictors of Credit Constraints: Empirical Evidence from Nigeria
　報告者　Eun Jin Ryu（Korea Information Society Development Institute）
　討論者　Mitsuo Inada（Miyazaki Municipal University）

分科会 G
座　長　~~田中 清泰（アジア経済研究所）~~ → 清田 耕造（慶應義塾大学）

G-1　Determinants of Rules of Origin in Regional Trade Agreements in Asia
　報告者　早川　和伸（アジア経済研究所）
　討論者　山ノ内　健太（香川大学）

G-2　新シルクロード輸送競争力の計測理論と実証
　報告者　呉　逸良（日本大学）
　討論者　津守　貴之（岡山大学）

G-3　International Bridges and Informality
　報告者　山ノ内　健太（香川大学）
　討論者　田中　清泰（アジア経済研究所）（早川和伸氏による代読）

分科会 H　English session
Chair　Keisaku Higashida（Kwansei Gakuin University）

H-1　Skilled-labor Emigration and Remittance Increase in Bhutan: A CGE Based Analysis
　報告者　Rinchen Dorji（Nagoya University）
　推薦者　Akihiko Yanase（Nagoya University）
　討論者　Eriko Hiraiwa（Nanzan University）

H-2　Economic Impacts of Low-Carbon Transition in Korea
　報告者　Tae Yong Jung（Yonsei University）
　討論者　Keisaku Higashida（Kwansei Gakuin University）

H-3　Trade with Search Frictions: Identifying Sources of Firm Heterogeneity（分科会 A から移動，悪天候のためオンライン報告にて実施）
　報告者　Tomohiro Ara（Fukushima University）
　討論者　Akihiko Yanase（Nagoya University）

懇親会　　17:30～　ホテルリガーレ春日野

会員総会の議決と決定

会員総会（第81回全国大会 第1日）

日本国際経済学会第81回全国大会第1日の会員総会は，2022年10月1日（土）13時20分～13時50分に，当日開催された理事会の提案議事に従い，中本悟会長（立命館大学）を議長として対面とZoomによるハイブリッド開催され，以下の議題を討議・承認・発表しました。

1. 2021年度事業報告について

標記について，中本悟会長（立命館大学）より，以下の諸点に関する報告が行われた。

（1）第10回春季大会の開催（2021年6月5日　名古屋学院大学）

（2）第80回全国大会の開催（2021年10月23～24日　東京大学）

（3）機関誌『国際経済（日本国際経済学会研究年報）』第72巻発行

（4）機関誌『The International Economy』Vol. 24発行

（5）第16回小島清賞各賞及び第11回特定領域研究奨励賞（小田賞）の授賞

（6）韓国国際経済学会への研究者派遣

（7）機関誌『国際経済』第73巻Covid-19特集号発行

（8）国際交流活動への支援

2. 2021年度一般会計決算について

標記について福井太郎常任幹事（近畿大学）より説明が行われ，審議の結果これを承認した。【「日本国際経済学会ニュース」2022年9月7日，4ページ参照】

3. 2021年度小島清基金決算（案）

標記について福井太郎常任幹事（近畿大学）より説明が行われ，審議の結果これを承認した。【「日本国際経済学会ニュース」2022年9月7日，5ページ参照】

4. 2021年度特別事業活動基金決算（案）

標記について福井太郎常任幹事（近畿大学）より説明が行われ，審議の結果これを承認した。【「日本国際経済学会ニュース」2022年9月7日，5ページ参照】

5. 2022年度事業案について

標記について，中本悟会長（立命館大学）より，以下の諸点に関する報告が行われ，審議の結果これを承認した。

（1）第11回春季大会の開催（2022年6月4日　弘前大学）

（2）第81回全国大会開催（2022年10月1～2日　近畿大学）

（3）機関誌『国際経済（日本国際経済学会研究年報）』第74巻発行予定
（4）機関誌『The International Economy』Vol. 25発行予定
（5）第17回小島清賞各賞及び第12回特定研究領域奨励賞（小田賞）の授賞
（6）韓国国際経済学会への研究者派遣

6. **2022年度一般会計予算（案）について**

標記について福井太郎常任幹事（近畿大学）より説明が行われ，審議の結果これを承認した。【「日本国際経済学会ニュース」2022年9月7日，6ページ参照】

7. **2022年度小島清基金予算（案）について**

標記について福井太郎常任幹事（近畿大学）より説明が行われ，審議の結果これを承認した。【「日本国際経済学会ニュース」2022年9月7日，7ページ参照】

8. **2022年度特別事業活動基金予算（案）について**

標記について福井太郎常任幹事（近畿大学）より説明が行われ，審議の結果これを承認した。【「日本国際経済学会ニュース」2022年9月7日，7ページ参照】

9. **新入会員の発表について**

標記について，大川良文常任理事（京都産業大学）より「日本国際経済学会ニュース」2022年9月7日，8ページに掲載された19名に加えて，本日の理事会において新たに9名の入会申し込みが理事会において承認されたとの報告が行われた。

10. **選出理事選挙の結果について**

標記について，中本悟会長（立命館大学）より，7月に行われた選出理事選挙により36名に選出理事が決定されたことが報告された。【「日本国際経済学会ニュース」2022年9月7日，9ページ参照】

11. **日本国際経済学会特別事業活動基金の運営内規，および日本国際経済学会特定領域研究奨励賞（小田賞）の運営内規の制定について**

標記について，大川良文常任理事（京都産業大学）より，日本国際経済学会特定領域研究奨励賞（小田賞）賞に関連する新たな内規として，日本国際経済学会特別事業活動基金の運営内規，および日本国際経済学会特定領域研究奨励賞（小田賞）の運営内規を制定することが6月4日（土）の理事会において承認されたことが報告された。【「日本国際経済学会ニュース」2022年9月7日，9ページ参照】

12. **内規の改正について**

標記について，大川良文常任理事（京都産業大学）より，企画セッションに関連して，「全国大会運営」内規の改正が6月4日（土）の理事会において承認されことが報告された。【「日本国際経済学会ニュース」2022年9月7日，10ページ参照】。

13. **その他**

(1) 全国大会におけるポスターセッションの再開について

小川健氏（専修大学）より，今回の全国大会で開催されなかったポスターセッションについて，来年の全国大会では再び設置してほしいとの要望が出された。

(2) 謝辞

中本悟会長（立命館大学）より，第81回（2022年度）全国大会開催機関の井出文紀理事（近畿大学），および準備委員会メンバーに対して謝辞が述べられた。

その後，現本部執行部体制の任期終了となることから，中本悟会長（立命館大学），大川良文常任理事（京都産業大学）および福井太郎常任幹事（近畿大学）より会員への謝辞が述べられた。

会員総会（第81回全国大会 第2日）

日本国際経済学会第81回全国大会第2日の会員総会は，2022年10月2日（日）13時42分～13時56分に，当日開催された理事会の提案議事に従い，遠藤正寛新会長（慶應義塾大学）を議長として対面とZoomによるハイブリッド開催され，以下の議題を討議・承認・発表しました。

1. **新会長の発表について**

遠藤正寛新会長（慶應義塾大学）より，遠藤正寛副会長（慶應義塾大学）が新会長として選任されたとの発表が行われた。

2. **新副会長の発表について**

遠藤正寛会長（慶應義塾大学）より，理事会において神事直人理事（京都大学）が新副会長として選任されたとの発表が行われた。

3. **特命理事の発表について**

遠藤正寛会長（慶應義塾大学）より，趙来勲氏（神戸大学），丸山佐和子氏（近畿大学）の2氏を特命理事に指名するとの発表が行われた。

4. **新常任理事の発表について**

遠藤正寛会長（慶應義塾大学）より，板木雅彦理事（立命館大学），伊藤恵子理事（千葉大学），大川良文理事（京都産業大学），櫻井公人理事（立教大学），田中綾一理事（駒澤大学），戸堂康之理事（早稲田大学），東田啓作理事（関西学院大学），福重元嗣理事（大阪大学），柳瀬明彦理事（名古屋大学），蓬田守弘理事（上智大学）の10氏を常任理事に委嘱した旨の発表が行われた。

5. **新監事の発表について（総会決定事項）**

遠藤正寛会長（慶應義塾大学）より，乾友彦氏（学習院大学），寶多康弘氏（南山大学），広瀬憲三氏（関西学院大学）の3氏を監事とすることが提案され，異議なく承認された。

6. **新幹事の発表について**

遠藤正寛会長（慶應義塾大学）より，新幹事の委嘱は，各支部からの新体制移行に応じた推薦に基づいて委嘱を行い，後日「日本国際経済学会ニュース」において公表するとの発表が行われた。

7. **新本部事務局総務の発表について**

遠藤正寛会長（慶應義塾大学）より，遠藤正寛会長（慶應義塾大学）研究室を新本部事務局として，伊藤萬里理事（青山学院大学）が新本部事務局総務を担当するとの発表が行われた。

8. **新本部業務の役割分担について**

遠藤正寛会長（慶應義塾大学），常任理事・理事および幹事等の職務分担については後日委嘱・決定することとし，「日本国際経済学会ニュース」を通じて発表するとの説明が行われた。

9. **第12回春季大会（2023年）の開催機関について（総会決定事項）**

遠藤正寛会長（慶應義塾大学）より，奈良県立大学を開催機関として開催すること，および斉藤宗之理事（奈良県立大学）を春季大会準備委員会委員長とすることが発表され，異議なく承認された。また，開催日については2023年6月3日（土）を第一候補，10日（土）を第二候補として調整中であること，プログラム委員長および委員に関しては後日決定し，「日本国際経済学会ニュース」にて発表するとの説明が行われた。

10. **第82回（2023年）全国大会の開催機関について（総会決定事項）**

遠藤正寛会長（慶應義塾大学）より，明治大学を開催機関として開催すること，および小林尚朗理事（明治大学）を全国大会準備委員会委員長とするとの説明が行われ，異議なく承認された。また，開催日は現時点ではまだ確定しておらず，後日決定するとの報告がなされた。

11. **第82回（2023年）全国大会・プログラム委員会委員長の発表について**

遠藤正寛会長（慶應義塾大学）より，所 康弘理事（明治大学）をプログラム委員会委員長に指名し，他の委員は後日決定し，「日本国際経済学会ニュース」にて発表するとの説明が行われた。

12. **日本国際経済学会小島清基金運営委員会の委員長および委員の発表について**

遠藤正寛会長（慶應義塾大学）より，「日本国際経済学会小島清基金の運営」内規に基づき，小島清基金運営委員会の委員長に中本悟顧問（立命館大学）を充てることが発表された。また石川城太顧問（学習院大学・一橋大学），板木雅彦常任理事（立命館大学），大川昌幸氏（立命館大学），大川良文常任理事（京都産業大学），木村福成顧問（慶應義塾大学），趙来勲特命理事（神戸大学）の6氏を同委員会の委員に任命すること，ならびに大川良文常任理事（京都産業大学）に事務局長を委嘱することが発表された。

13. **日本国際経済学会特定領域研究奨励賞（小田賞）審査委員会の委員長および委員の発表について**

遠藤正寛会長（慶應義塾大学）より，「日本国際経済学会特定領域研究奨励賞（小田賞）の運営」内規に基づき，遠藤正寛会長（慶應義塾大学）が特定領域研究奨励賞（小田賞）審査委員会の委員長となることが発表された。また，黒川義教氏（筑波大学），胡云芳氏（神戸大学），古川雄一氏（中央大学）の3氏を同委員会の委員に任命することが発表された。

14. **顧問の就任依頼について**

遠藤正寛会長（慶應義塾大学）より，中本悟前会長（立命館大学）を日本国際経済学会顧問に推挙することが理事会において決定されたとの報告が行われた。

役員名簿（2022年10月～2024年10月）

会　長（定員1名）　遠藤　正寛（慶應義塾大学）

副会長（定員1名）　神事　直人（京都大学）

常任理事（定員10名）

板木　雅彦（立命館大学）
伊藤　恵子（千葉大学）
大川　良文（京都産業大学）
櫻井　公人（立教大学）
田中　綾一（駒澤大学）
戸堂　康之（早稲田大学）
東田　啓作（関西学院大学）
福重　元嗣（大阪大学）
柳瀬　明彦（名古屋大学）
蓬田　守弘（上智大学）

理　事（定員24名）

石田　　修（九州大学）
市野　泰和（立命館大学）
井出　文紀（近畿大学）
伊藤　萬里（青山学院大学）
井上　　博（阪南大学）
太田代（唐澤）幸雄（南山大学）
川端　　康（名古屋市立大学）
清田　耕造（慶應義塾大学）

小林　尚朗（明治大学）
小森谷徳純（中央大学）
齋藤　哲哉（日本大学）
斉藤　宗之（奈良県立大学）
柴田　　孝（大阪商業大学）
柴山　千里（小樽商科大学）
妹尾　裕彦（千葉大学）
高橋　信弘（大阪公立大学）
所　　康弘（明治大学）
冨浦　英一（一橋大学）
西山　博幸（兵庫県立大学）
蓮見　　雄（立教大学）
古川　純子（聖心女子大学）
細井　　長（国学院大学）
増田　正人（法政大学）
溝口　佳宏（帝京大学）

特命理事（若干名）

趙　　来勲（神戸大学）
丸山佐和子（近畿大学）

監　事（若干名）

乾　　友彦（学習院大学）
寳多　康弘（南山大学）
広瀬　憲三（関西学院大学）

幹　事（定員約20名）

【関東支部】
※常任幹事

井尻　直彦（日本大学）
伊藤由希子（津田塾大学）
川野　祐司（東洋大学）
黒川　義教（筑波大学）
小西　宏美（駒澤大学）
佐藤　仁志（アジア経済研究所）
笹原　　彰（慶應義塾大学）※
濵野　正樹（早稲田大学）
吉田　　敦（東洋大学）
吉見　太洋（中央大学）

【中部支部】

板倉　　健（名古屋市立大学）
菅原　晃樹（名古屋学院大学）
増田　淳矢（中京大学）

【関西支部】

川越　吉孝（京都産業大学）
澤田有希子（龍谷大学）
新宅　公志（広島修道大学）
立石　　剛（西南学院大学）
田淵　太一（同志社大学）
福井　太郎（近畿大学）
松永　　達（福岡大学）

顧　問（就任順）

本山　美彦（国際経済労働研究所所長）
井川　一宏（神戸大学名誉教授）
関下　　稔（立命館大学名誉教授）
田中　素香（東北大学名誉教授）
阿部　顕三（中央大学）
木村　福成（慶應義塾大学）
岩本　武和（西南学院大学）
石川　城太（学習院大学・一橋大学）
中西　訓嗣（神戸大学）
古沢　泰治（東京大学）
中本　　悟（立命館大学）

出版委員会

委員長　東田　啓作（関西学院大学）

副委員長　伊藤　恵子（千葉大学）

委　員　石田　　修（九州大学）　川端　　康（名古屋市立大学）

黒川　義教（筑波大学）　所　　康弘（明治大学）

西山　博幸（兵庫県立大学）　濱田　弘潤（新潟大学）

早川　和伸（アジア経済研究所）　福重　元嗣（大阪大学）

松浦　寿幸（慶應義塾大学）　山本　和博（大阪大学）

小島清基金運営委員会

委員長　中本　　悟（立命館大学）

委　員　大川　良文（京都産業大学）〈事務局長〉

石川　城太（学習院大学・一橋大学）　板木　雅彦（立命館大学）

大川　昌幸（立命館大学）　木村　福成（慶應義塾大学）

趙　　来勲（神戸大学）

特定領域研究奨励賞（小田賞）審査委員会

委員長　遠藤　正寛（慶應義塾大学）

委　員　黒川　義教（筑波大学）　胡　　云芳（神戸大学）

古川　雄一（中央大学）

その他日本国際経済学会関係者

日本経済学会連合評議員　乾　　友彦（学習院大学）　戸堂　康之（早稲田大学）

役員の業務分担（◎印は責任者）

		関東支部	中部支部	関西支部
本部関係				
〈総務担当〉	常任理事	◎蓬田　守弘	柳瀬　明彦	東田　啓作
	理　　事	伊藤　萬里		
	幹　　事	吉見　太洋		川越　吉孝
ニュース	常任理事		◎柳瀬　明彦	大川　良文
	理　　事	妹尾　裕彦 古川　純子		井出　文紀 柴田　　孝
	幹　　事	小西　宏美	増田　淳矢	
HP	常任理事	◎櫻井　公人		
	理　　事	小森谷徳純 柴山　千里	川端　　康	市野　泰和
	幹　　事	佐藤　仁志		澤田有希子
会員名簿	常任理事			◎福重　元嗣
	理　　事	蓮見　　雄 細井　　長 増田　正人	太田代（唐澤）幸雄	柴田　　孝
	幹　　事	伊藤由希子		立石　　剛
〈財務担当〉	常任理事	◎田中　綾一		
	理　　事	清田　耕造		
	幹　　事	笹原　　彰 （常任幹事）	板倉　　健	福井　太郎

〈編集・出版担当〉	常任理事	伊藤　恵子		◎東田　啓作 福重　元嗣
	理　　事	所　　康弘	川端　　康	石田　　修 西山　博幸
	幹　　事	小橋　文子		新宅　公志
〈企画・渉外担当〉	常任理事	◎戸堂　康之		板木　雅彦
	理　　事	小林　尚朗 冨浦　英一	太田代(唐澤)幸雄	井上　　博 斉藤　宗之 高橋　信弘 西山　博幸
	幹　　事	濵野　正樹 吉田　　敦	菅原　晃樹	
〈監査〉	監　　事	◎乾　　友彦	寳多　康弘	広瀬　憲三
支部関係				
	常任理事	蓬田　守弘	柳瀬　明彦	東田　啓作
	理　　事	齋藤　哲哉 溝口　佳宏		石田　　修 柴田　　孝
	幹　　事	井尻　直彦 川野　祐司 黒川　義教	増田　淳矢	田淵　太一 松永　　達
特命理事				
趙　　来勲	丸山佐和子			

各支部の活動報告

本年度も全国大会・春季大会に加え，各支部において活発な研究会・シンポジウム活動等が行われました。以下は，2022年8月～2023年7月の一年間における各支部の活動報告です。

【関東支部】

◎定例研究会

日時　2022年11月19日（土）14時～16時45分

会場　日本大学経済学部7号館　ハイブリッド方式で開催

報告1　WTO体制下のIPEFとデジタル・エコノミー

報告者　岩田伸人（青山学院大学）

報告2　The Effect of GVC Participation on Greenfield FDI: An Industry-level Analysis (with Vu Hong Ha)

報告者　Craig R. Parsons（横浜国立大学）

◎定例研究会

日時　2022年12月10日（土）　14時～16時45分

会場　日本大学経済学部7号館　ハイブリッド方式で開催

報告1　台湾の産業連関効果と産業政策

報告者　李 雨テイ（明治大学大学院商学研究科 博士後期課程）

報告2　Evidence from China Equity Market to Hong Kong and Other Markets

報告者　小原篤次（長崎県立大学）

◎新春特別シンポジウム「世界経済の潮流を読む2023」

日時　2023年1月7日（土）14時～17時

会場　日本大学経済学部7号館　ハイブリッド方式で開催

第I部　報告

司　会　蓬田守弘（上智大学）

第1報告　コロナ後の多国間協調の課題と期待

報告者　佐藤仁志（IDE-JETRO）

第2報告　2023年の主要国地域の経済金融情勢

報告者　白井さゆり（慶應義塾大学）

第3報告　自由貿易体制と権威主義体制は共存可能か

　　　　　報告者　渡邉真理子（学習院大学）

第II部　　報告者：3名によるディスカッション

　　　　　司　会　蓬田守弘（上智大学）

◎定例研究会

日時　2023年4月15日（土）14時～16時45分

会場　日本大学経済学部7号館　ハイブリッド方式で開催

報告1　　The Small Open Economy in a Generalized Gravity Model (with Svetlana Demidova and Andres Rodriguez-Clare)

　　　　　報告者　内藤巧（早稲田大学）

報告2　　The China Shock and Supply Chains: When Rising Imports Raise Exports (joint with Jaerim Choi and Masahiro Endoh)

　　　　　報告者　笹原彰（慶應義塾大学）

◎定例研究会

日時　2023年5月20日（土）14時～16時45分

会場　日本大学経済学部7号館　ハイブリッド方式で開催

報告1　　資金循環統計にみるアメリカの国際経済関係

　　　　　報告者　小西宏美（駒澤大学）

報告2　　A Computable General Equilibrium Analysis of EU CBAM for the Japanese Economy

　　　　　報告者　武田史郎（京都産業大学）

◎定例研究会

日時　2023年7月15日（土）14時～16時45分

会場　日本大学経済学部7号館　ハイブリッド方式で開催

報告1　　FDI Subsidies in a General Oligopolistic Equilibrium Model

　　　　　報告者　佐藤邦彦（一橋大学大学院）

　　　　　討論者　荒知宏（福島大学）

報告2　　The Aggregate Effects of the Great Black Migration

　　　　　報告者　高橋資哲（ペンシルベニア州立大学大学院）

　　　　　討論者　濱野正樹（早稲田大学）

【中部支部】

◎中部支部冬季大会（関西支部・中部支部合同研究会第6回）

日時　2022年5月21日（土）ハイブリット開催

会場　名古屋市立大学 滝子キャンパス3号館1階101教室

報告(英語)　13:40-14:40

Macroeconomic Analysis of a Shock in Foreign Capital in Bhutan

報告者　Rinchen Dorji（名古屋大学大学院経済学研究科博士後期課程）

報告　14:40-15:40

Inflation and Trade Liberalization

報告者　福田勝文（中京大学）

報告　16:30-17:30

On the Knowledge Spillover Creation and Diversion Effects of Regional Trade Agreements

報告者　澤田有希子（龍谷大学）

◎中部支部春季大会

日時　2023年5月13日（土）13:50～17:30

会場　南山大学J棟J55教室

報告1　13:50-14:50

「国別産業別競争力の時系列推移」

報告者　岩本朋大（福井工業大学）

報告2　14:50-15:50

Unemployment and Endogenous Choice on Tax Instruments in a Tax Competition Model: Unit Tax versus Ad Valorem Tax

報告者　菊池悠矢（中部大学）・玉井寿樹（名古屋大学）

報告3　16:30-17:30

The rise of robot capital and its impact on international capital flows

報告者　稲垣一之（南山大学）

【関西支部】

◎ 2022 年度第 2 回定例研究会

日時　2022 年 9 月 3 日土曜日　午後 3 時 00 分～5 時 10 分

会場　谷岡学園梅田サテライトオフィス及びオンライン開催

第 1 報告　比例成長乖離分析による中国の地域間経済格差に関する考察 ―地域成長パターンの差異と内陸地域支援政策の成果を中心に―

報告者　LI Ruiyang（立命館大学大学院経済学研究科博士後期課程）

討論者　藤川清史（愛知学院大学）

第 2 報告　Wasteful Trade Barriers in Oligopoly

報告者　猪俣賢太郎（秀明大学総合経営学部）

討論者　佐野穂先（福山大学経済学部）

◎ 2022 年度第 3 回定例研究会

日時　2022 年 12 月 17 日土曜日　午後 3 時 00 分～5 時 10 分

会場　京都産業大学むすびわざ館及びオンライン開催

第 1 報告　Correlation aversion in Multinationals: Evidence from Japanese MNEs

報告者　Navruz Khotamov（京都大学大学院経済学研究科博士後期課程）

討論者　西山博幸（兵庫県立大学国際商経学部）

第 2 報告　The effects of financial cooperation among emerging economies

報告者　池田晃彦（京都産業大学経済学部）

討論者　溝端泰和（関西大学経済学部）

◎ 2022 年度第 4 回定例研究会

日時　2023 年 1 月 21 日土曜日　午後 3 時 00 分～5 時 10 分

会場　谷岡学園梅田サテライトオフィス及びオンライン開催

第 1 報告　Fiscal Competition for FDI under Foreign Ownership Regulation

報告者　大越裕史（岡山大学経済学部）

討論者　川越吉孝（京都産業大学経済学部）

第 2 報告　財源の違いによる所得再分配政策の比較：利潤に課税するか，貿易に課税するか

報告者　大川良文（京都産業大学経済学部）

討論者　新宅公志（広島修道大学経済科学部）

◎2022年度第5回定例研究会

日時　2023年3月11日土曜日　午後3時00分～5時10分

会場　関西学院大学大阪梅田キャンパス及びオンライン開催

第1報告　Disentangling country fixed effects in the structural gravity model for foreign direct investment: A machine learning approach

報告者　CEN Xin（京都大学大学院経済学研究科博士後期課程）

討論者　東田啓作（関西学院大学経済学部）

第2報告　Fiscal Reform, Government Debt and Female Labor Supply in Japan

報告者　崔乃月（神戸大学大学院経済学研究科博士後期課程）

討論者　Colin Davis（同志社大学国際教育インスティチュート）

◎2023年度第1回定例研究会

日時　2023年5月13日土曜日　午後3時00分～5時10分

会場　関西学院大学大阪梅田キャンパス及びオンライン開催

第1報告　Agglomeration and Progressive Taxation in a Multi-Region Economy

報告者　森田忠士（近畿大学経済学部）

討論者　山本和博（大阪大学大学院経済学研究科）

第2報告　第一次大戦後ドイツのハイパー・インフレーション―リフレ論（アベノミクス）の誤りの歴史的な実験―

報告者　紀国正典（高知大学名誉教授）

討論者　櫻井公人（立教大学経済学部）

◎2023年度関西支部・中部支部合同研究会（関西支部第2回定例研究会）

日時　2023年7月29日土曜日　午後3時00分～5時10分

会場　谷岡学園梅田サテライトオフィス及びオンライン開催

第1報告　Multinational Activities, Intellectual Property Rights Protection and Intra-Firm Technology Transfer.

報告者　Li Caicai（立命館大学経済学研究科博士後期課程）

討論者　増田淳矢（中京大学経済学部）

第2報告　Growth effects of international outsourcing in a two-country R&D-based growth model

報告者　斎藤佑樹（中京大学経済学部）

討論者　浅海達也（桃山学院大学経済学部）

【九州・山口地区研究会】

◎2022年度第2回研究会

日時　2022年10月29日（土）14:00～16:10（オンライン開催）

第1報告　環境・気候変動の問題とEUの共通農業政策（2023-27年）
報告者　豊　嘉哲（福岡大学商学部）
討論者　星野　郁（立命館大学国際関係学部）

第2報告　ポストコロナとウクライナ戦争下での欧州経済のリスク
報告者　高屋　定美（関西大学商学部）
討論者　松永　達（福岡大学商学部）

本部・各支部事務局所在地

【本　　部】　日本国際経済学会　本部
〒162-0041　東京都新宿区早稲田鶴巻町518　司ビル3F
国際ビジネス研究センター内
Tel: 03-5273-0473　Fax: 03-3203-5964
E-mail: jsie@ibi-japan.co.jp

【本部事務局】　日本国際経済学会　本部事務局
〒108-8345　東京都港区三田2-15-45
慶應義塾大学商学部　遠藤正寛研究室 気付
Tel: 03-5427-1277（研究室直通）
Fax: 03-5427-1578（事務室）
E-mail: head-office@jsie.jp

【関東支部】　日本国際経済学会　関東支部事務局
〒320-8551　栃木県宇都宮市豊郷台1-1
帝京大学経済学部地域経済学科　溝口佳宏研究室 気付
Tel: 028-627-7238（研究室直通）
E-mail: jsie-kanto@jsie.jp

【中部支部】　日本国際経済学会　中部支部事務局
〒466-8666　名古屋市昭和区八事本町 101-2
中京大学経済学部 増田淳矢研究室 気付
Tel: 052-835-7976
E-mail: jsie-chubu@ jsie.jp

【関西支部】　日本国際経済学会　関西支部事務局
〒577-8505　大阪府東大阪市御厨栄町 4-1-10
大阪商業大学　経済学部　柴田孝研究室 気付
Tel: 06-6781-0381（代表電話）
Fax: 06-6785-6156（代表 FAX）
E-mail: jsie-kansai@jsie.jp

【日本国際経済学会ホームページ】　https://www.jsie.jp/

日本国際経済学会　会則

［1950年6月2日制定，略，1994年10月16日改正，2000年10月22日改正，
2001年10月20日改正，2003年10月5日改正，2008年10月11日改正，
2010年10月16日改正，2019年9月29日改正，2020年10月17日改正］

（名称）

第1条　本会は日本国際経済学会 The Japan Society of International Economics と称する。

（目的）

第2条　本会は国際経済の理論，政策，実情に関する研究およびその普及をはかることを目的とする。

（事業）

第3条　本会は研究報告会，シンポジウム等の開催，機関誌および出版物の刊行，内外学会の連絡，その他本会の目的を達成するために適当と認められる諸事業を行う。

（会員）

第4条　本会に入会しようとする者は，本会の目的とする研究に従事する者（大学院博士課程または同後期課程在籍者を含む）で，会員1名の推薦により所定の手順に従って理事会に申込み，その承認を得なければならない。

2　会員は所定の会費を納入しなければならない。

3　会員は研究報告会，シンポジウム等に出席し，また機関誌の配布を受け，これに投稿することができる。

（維持会員）

第5条　本会の目的に賛同し事業の達成を援助するため，所定の維持会費を納入する法人を維持会員とする。

2　維持会員は本会出版物の配布を受け，維持会員の法人に所属する者は，本会の研究報告会，シンポジウム等に出席できる。

（会費）

第6条　本会の会費は次の通りとする。

正会員	年九千円
正会員（シニア）	年三千円
学生会員	年三千円
法人維持会員	年一口（三万円）以上

2　正会員（シニア）とは，常勤職を持たず，当年3月31日時点で65歳以上の正会員

を言い，その資格は申告により発生する。

3　継続して3年間会費の払込みがない場合，会員資格を失うものとする。

（役員）

第7条　本会の会務執行のため理事若干名，会計監査のため監事若干名を置く。

2　本会を代表するため会長1名を置く。会長は理事会において構成員の互選により選任される。

3　会長の職務を補佐するため副会長1名を置く。副会長は理事会において構成員の互選により選任される。

4　常務執行のため常任理事若干名を置く。常任理事は理事の中から会長が委嘱する。

5　理事会は，研究報告会等の開催，機関誌の編集発行，会員名簿の整備，会計等の日常会務を補助するため会員の中から幹事若干名を委嘱し，その中の1名を本部常任幹事とする。

6　本会に顧問を置く。理事長または会長の経験者を顧問とする。

7　理事として選出理事と特命理事を置く。選出理事の選出は，会員による直接選挙をもって行う。その選出方法の詳細は別に定める内規に準拠する。特命理事は，会長が若干名指名する。

選出理事，特命理事の任期は1期2カ年とする。重任を妨げない。ただし，会長および副会長の任期は2期を超えないものとし，原則として1期とする。

8　監事の選任は，会長が候補者を選考し，会員総会において決定する。

監事の任期は1期2カ年とする。重任を妨げない。

（理事会）

第8条　理事および監事を理事会構成員とする。

2　会長は，理事会を主催する。

3　理事会は，本会の事業および運営に関する事柄を企画立案して会員総会に諮り，または報告しなければならない。

4　理事会は，原則として毎年1回開催する。ただし，必要に応じて，会長は年複数回の理事会を招集することができる。

5　理事会は，理事会構成員の過半数の出席（委任状を含む）により成立する。

6　理事会の決定は，出席者の過半数の同意があったときとする。賛否同数のときは，会長が決定する。

7　本会の事務執行に必要な細目は理事会がこれを定める。

8　理事会が特に必要とする場合には，幹事は意見を述べることができる。

9　顧問は理事会に出席し，求めに応じて意見を述べることができる。

10　日本国際経済学会から推薦された日本経済学会連合評議員が日本国際経済学会の理事会構成員でない場合には，日本経済学会連合に関する活動報告および関連する問題の討議のため，理事会への出席を要請する。

（会員総会）

第9条　本会は毎年1回会員総会を開く。理事会が必要と認めたときは，臨時会員総会を開くことができる。

2　会員総会の議長は，その都度会員の中から選出する。

3　会員総会は，本会の事業活動の決定，決算・予算の審議確定，監事の選任等を行うとともに，担当理事および監事から会務について報告を受ける。

4　会員総会における決定は，出席会員の過半数の同意があったときとする。可否同数の場合は議長の決定に従う。

（地方支部および地方支部役員会）

第10条　各地方支部は，その支部に属する理事，監事，幹事，顧問をもって構成する支部役員会を置き，支部の諸事業活動を行う。

2　新たに支部を設けるときには，支部規約を添付して理事会に申し出，承認をえなければならない。

（経費）

第11条　本会の経費は，会費，維持会費，補助金，寄付等により支弁する。

（会則の変更）

第12条　本会会則の変更は理事会で決定の上，会員総会の決議による。

（その他）

第13条　本会の事務所は理事会が定める。

2　本会の名誉を毀損する行為があると認知された場合，理事会の決定により当該会員を除名することがある。

3　学会本部および各地方支部はプライバシー保護のため，会員に関する記録は厳重に保管し，原則として会員名簿の貸出はしない。

日本国際経済学会機関誌　投稿規定

1. 日本国際経済学会の機関誌（『国際経済』と THE INTERNATIONAL ECONOMY）は，学会の会員だけでなく非会員からの投稿も受け付ける。ただし，『国際経済』に非会員の投稿論文が掲載される際には，投稿者は学会に入会しなければならない。
2. 投稿論文は原著論文で，本誌以外に投稿されていないもの，また本誌以外での出版予定のないものに限る。
3. 『国際経済』の使用言語は日本語，THE INTERNATIONAL ECONOMY の使用言語は英語とする。
4. 投稿論文の長さは，『国際経済』では，図・表，参考文献，注を含め 20,000 字以内とする。THE INTERNATIONAL ECONOMY では，ダブルスペース A4 で図・表，参考文献，注を含め 35 枚以内とする。
5. 投稿論文はワープロ原稿とし，原則として，PDF 形式にして e-mail で送付することとする。また，原稿（3 部）や電子媒体物（CD-ROM，USB メモリスティック等）の郵送も受け付ける。ただし，電子ファイルの破損等による不具合が生じても，日本国際経済学会はいっさいの責任を負わない。
6. 投稿は，日本国際経済学会機関誌投稿受付係にて，随時受け付ける。
7. 論文の掲載の可否については，匿名の審査委員による審査に基づき，出版委員会が決定する。
8. 投稿者による論文原稿の手直しは，審査責任者からの改訂要求日から 1 年に限り有効とする。
9. 投稿論文の審査料は不要とする。また，論文の掲載が決定した場合の掲載料も不要とする。
10. 投稿論文は，掲載の可否にかかわらず返却しない。
11. 機関誌に掲載された論文は，独立行政法人科学技術振興機構（JST）の電子ジャーナルプラットフォーム J-STAGE（https://www.jstage.jst.go.jp/browse/-char/ja/）の電子ジャーナル『国際経済』と THE INTERNATIONAL ECONOMY に登載される。
12. 機関誌に掲載された論文の著作権（複製権，公衆送信権を含む）は，日本国際経済学会に帰属する。

日本国際経済学会機関誌投稿受付係
電子メール：jsie-journal @ jsie.jp

ハードコピー原稿や電子媒体物等での投稿の場合は，本部事務局宛にご郵送ください。最新の本部事務局連絡先は，学会ホームページ http://www.jsie.jp にてご確認いただけます。

日本国際経済学会

【本　　部】 日本国際経済学会　本部住所
〒162-0041　東京都新宿区早稲田鶴巻町 518
司ビル 3F
国際ビジネス研究センター内
Tel: 03-5273-0473　Fax: 03-3203-5964
E-mail: jsie@ibi-japan.co.jp

【本部事務局】
〒108-8345　東京都港区三田 2-15-45
慶應義塾大学商学部　遠藤正寛研究室 気付
Tel: 03-5427-1277（研究室直通）
Fax: 03-5427-1578（事務室）
E-mail: head-office@jsie.jp

【日本国際経済学会ホームページ】 https://www.jsie.jp/

国 際 経 済　第 **75** 巻（日本国際経済学会研究年報）
環境・資源・災害のリスクと国際経済

令和 5 年 11 月 30 日　発 行

編 集 兼 発 行 所　日 本 国 際 経 済 学 会

〒162-0041　東京都新宿区早稲田鶴巻町 518　司ビル 3F
国際ビジネス研究センター内
日本国際経済学会本部事務局

印 刷 製 本　中 西 印 刷 株 式 会 社

〒602-8048　京都市上京区下立売通小川東入ル
電話 075-441-3155　FAX 075-417-2050
発売　中西印刷株式会社出版部 松香堂書店
ISBN 978-4-87974-790-7